跟着文物穿越历史

30件文物里的中国

张志浩

著

民主与建设出版社

·北京·

© 民主与建设出版社，2022

图书在版编目（CIP）数据

跟着文物穿越历史 : 30 件文物里的中国 / 张志浩著.
-- 北京 : 民主与建设出版社，2021.8（2022.8 重印）
ISBN 978-7-5139-3633-0

Ⅰ . ①跟… Ⅱ . ①张… Ⅲ . ①中国历史 – 通俗读物
Ⅳ . ① K209

中国版本图书馆 CIP 数据核字 (2021) 第 137167 号

跟着文物穿越历史 : 30 件文物里的中国
GENZHE WENWU CHUANYUE LISHI 30JIAN WENWULI DE ZHONGGUO

著　　者	张志浩
责任编辑	程　旭
封面设计	水玉银文化
出版发行	民主与建设出版社有限责任公司
电　　话	（010）59417747　59419778
社　　址	北京市海淀区西三环中路 10 号望海楼 E 座 7 层
邮　　编	100142
印　　刷	北京盛通印刷股份有限公司
版　　次	2021 年 8 月第 1 版
印　　次	2022 年 8 月第 4 次印刷
开　　本	880 毫米 ×1230 毫米　　1/32
印　　张	6.25
字　　数	115 千字
书　　号	ISBN 978-7-5139-3633-0
定　　价	58.00 元

注：如有印、装质量问题，请与出版社联系。

国宝来信

　　在众多类型的文字史料中，我特别看重那些机缘巧合下留存至今的"信札"带来的信息。相比较于史官的纪录、碑刻墓志和其他文献，信札不是故意要写给后人看的，而是古人们之间最直接甚至是最隐秘的沟通方式。书信里藏着古人们最真实的表达。阅读古人的信札，就好像是窥探到了历史中的秘密。

　　敦煌附近就曾出土过粟特人的信札。从这些写于4世纪初期的信札中，历史学家看到了洛阳、邺城被攻破，宫殿被焚烧的信息。这是文物与正史相互印证的典型例

---

　　① 粟特人原是古代生活在中亚阿姆河与锡尔河一带操伊朗语族东伊朗语支的古老民族，从我国的东汉时期直至宋代，往来活跃在丝绸之路上，以长于经商闻名于欧亚大陆。

子。从信件中，我们能看到一些进不了史书的小人物，感受他们的生活。其中两封信来自一位叫作米娜的粟特姑娘，信是写给她丈夫的。从她的信中，我们看到米娜不顾家人的反对，勇敢地嫁给了一个自己选择的男人，离开自己的妈妈和大哥，千里迢迢地跟着丈夫来到敦煌。然而这个心上人不仅欠下了一屁股债，还把米娜和女儿抛给了债主，自己偷偷跑去了楼兰。

独在异乡的粟特姑娘米娜一下子慌了神。她万万没想到心上人会抛弃自己。孤苦无依的米娜只能四处借钱，然而不论是丈夫的亲戚还是丈夫的生意伙伴，没有人肯帮助她，并纷纷表示这不是他们的义务。已为人母的米娜只能带着女儿给人放羊过日子。她也想过带女儿回自己的粟特家乡。有几次，她们明明有机会跟着商队回粟特，却怎么也凑不齐路费。可怜的米娜回不了家，想起自己的丈夫，百感交集。于是我们就在信中看到了这样的文字："我没有听我母亲和哥哥们的话，跟着你来到敦煌。我按你说的做。那天，一定是惹恼了神灵！我就是嫁给猪，嫁给狗也比嫁给你强！"

历史的发展要靠英雄和杰出人物的伟大贡献，更要靠米娜这样的老百姓。从他们的悲欢离合中，我们可以看到一段比史书更加细腻、充满人文细节的历史。正是在这些真实的或如意或不如意的生活中，历史悄然地发生着变化。我们这些后世读史的人，既要对这些人的故事共情，也要见微知著，不要辜负了这些第一手的史料。

比如，信中提到从敦煌回到粟特旧地，可能就是撒马尔罕，要多少路费钱呢？信里面米娜说商队管她要 20 个斯塔特（一种黄金钱币）。这就反映了那个时候的物价水平和丝绸之路上商队的成本。但是我们目前还不能确切地知道一个斯塔特有多重，12 克？0.6 克？这需要再等待出土文物的支持。

文物就像是没有文字的信札。祭祀、丧葬、首饰、摆设，不论是玉器、铜器、漆器、瓷器，还是兵器、乐器、礼器，都是古人最贴己的器物。器物与文献相互比对、配合，既增强了历史的说服力，又使文献里稍显干瘪的内容得以丰满充实。

通过器物学习历史，不仅能增加我们的见识和谈资，更能让我们建立一个完整、理性的物质观，明白器物真正的贵贱在于人们能为其赋予多大的价值。

《资治通鉴》中有这么一个故事：齐威王和魏惠王一起在郊外打猎。

魏王问齐王："你们齐国有什么宝贝啊？"

齐王说："我们齐国没有什么宝贝。"

魏王一听马上说："不会吧，我们魏国都有十颗大珍珠。齐国自古繁华，像你们这样的东方大国，怎么会没有宝物呢？"

齐王回答："你我二人对宝物的理解，不太一样。我们的国宝不是物品，而是人才。"（见《资治通鉴·齐威王论宝》）

其实，齐王的话还没说完，这里我想要做个补充。

一个民族、一个国家，或者说一种文明一旦获得人才，就能逐渐走向强大和繁荣，处处都是宝物。反之，如果一个文明体不以人为本，而是陷入"拜物教"的狂热，那么即便有再多的宝物，最终也守不住宝物。

我在本书中为大家介绍器物中的历史，就是试图打开一封封古人的私人信件，带着大家来"窥探"历史的秘密。

同时也想让大家知道，这些器物称为国宝，不是因为其本身的黄金珠玉之价，而是因为勤劳勇敢智慧的中国人赋予了它们意义。我们对国宝的喜爱与尊重，千万不要放错了地方，与其跟风着急跑去博物馆里与它们合影，不如真正读懂这一封封来自祖先们的时光信札。到那时，如有缘与它们见面，你就会感慨道："虽然是第一次见面，但我早就认识你了，老朋友！"

////// 目 录

01 夏朝：最早的"小青龙" 001

02 商朝：天命玄鸟——妇好鸮尊 008

03 西周：宅兹中国——何尊 015

04 春秋：越王勾践剑 022

05 战国：曾侯乙编钟 027

06 秦朝：秦简 034

07 西汉：马王堆 T 形非衣帛画 041

08 东汉：马踏飞燕 049

09 三国：漆木屐 055

10 西晋：青釉神兽尊 062

11 十六国：十六国鸭形玻璃注 069

12 北朝：北朝壁画 076

13 南朝：竹林七贤与荣启期画像砖 084

14 隋朝：虞弘墓石堂浮雕 091

15 唐朝：鎏金舞马衔杯纹银壶 104

16 五代：《琉璃堂人物图》 112

17 北宋：《契丹使朝聘图》 122

18 辽朝：《杨贵妃教鹦鹉图》 131

19 南宋：福建刻本《晦庵先生文集》 140

20 金朝：铜坐龙 148

21 元朝：渎山大玉海 155

22 明朝：明代贵妇镶宝石金链香盒 167

23 清朝：寿山石雕螭"为君难"印 176

01

夏朝：最早的"小青龙"

　　我不知道自己对历史的兴趣是从何时开始浓厚起来的。但我依稀记得，在我很小的时候有部电视剧，自己好像看过好多次，但从来没有看到结局，只记得它里面有好多好多的秘密。正是这种神秘的调性，让我在小时候就对我来自哪里，我的妈妈（文化意义上的母亲）是谁，我为什么是这个样子以及那些过去发生的事情充满了好奇。这部电视剧叫《小龙人》。1992 年的六一儿童节，这条"小青龙"跟全国的小朋友们见面了。从此，在我的小脑瓜里，就充满了对"许多的秘密"的思考。

　　如果有人突然问我龙是什么颜色的？我第一反应一定是青绿色，不知道有没有人跟我一样。

我以前一直以为是童年这只"小青龙"太过先入为主，后来知道了道教四灵里"青龙白虎"的说法，就更加强化了这个"刻板印象"（当然这里的青可能不是绿色而是黑色）。

但当我看到这条龙之后，我才知道，一切的"自然而然"都是有原因的。

这原来应是一面"龙旗"或者木质"龙牌"，现在只留下旗帜或者木牌上的绿松石装饰。布帛或者木牌虽然已经腐蚀消失，但留下的它依然遒劲有力。中国龙的文化密码，也许就在于此。这条小青龙来自一个大名鼎鼎的地方——二里头。

这是考古学家们 2002 年于河南省洛阳市偃师二里头宫殿区的一座高规格的贵族墓葬里发现的青龙。这条龙斜放在贵族的右侧手臂上，龙的身上还放置了一件铜铃。

《诗经·载见》中记载的"龙旂阳阳，和铃央央"大概说的就是它了吧。

《诗经·载见》是一首描绘周王朝祭祀的诗歌。如此看来，我们很可能发现了周人祭祀礼仪的文化源头。

就在《小龙人》播出的那一年，有一位名叫许宏的青年考入了中国社会科学院研究生院考古系，师从著名考古学家徐苹芳先生，专攻城市考古方向。后来，正是这位许宏先生和他率领的考古队，发现了这条小青龙。

其实，在二里头发现的不仅仅是这条"小青龙"，还有"最早的中国"。

许宏先生有本书就叫《最早的中国》。为什么有这样的书名？这跟一个时代、一种部落文明有关。这个时代、这种文明被后来的人称为夏。二里头和夏有什么关系？事实上，这是两套语言体系，两套命名办法。"二里头"是考古学的叫法，二里头所反映的时期，就是夏这个时代和它的文化。

夏绿松石龙形器

中国社会科学院考古研究所洛阳工作站收藏　图片由读图时代／视觉中国提供

　　《史记》记载，中国的第一个王朝就叫"夏"，但是我们一直对这个"最早的中国"知之甚少。20 世纪，一众治学严谨的大学者们就曾对此提出质疑：司马迁的话真的可信吗？夏真的存在吗？他们被称为"古史辨派"。要不是后来有甲骨文研究这项硬功夫以及殷墟的发现，人们甚至都会怀疑商的存在。直到新中国成立后，夏的问题仍一直悬而未决。

　　这种情况一直延续到二里头被发现。考古学家的工作是漫长的，常常需要好多年，甚至几代人的努力。二里头的科学发掘工作就是如此。二里头文化遗址，其实在1959 年就被发现了。发现它的徐旭生先生可不是误打误撞。早在 20 世纪 50 年代初，徐旭生先生就锁定了河南中部的洛阳盆地。老先生通过自己的经验和学识判断，夏文化的中心地带，甚至说是都城，就应该在这里！

　　考古专家们为何会盯上洛阳盆地，把它列为二里头遗址的重点搜索区域呢？这当然与历史有关。中国的考古工作有一个得天独厚的优势，就是我们有充足的典籍作为辅助。现存的众多历史典籍反复提到，洛阳盆地就是夏王朝中心位置的所在区域。

　　当然，考古学能够利用到的手段远远不止古籍记载，还包括自然环境、地理区位因素，等等。

　　华夏民族的农业历史源远流长。哪里是农业生产最早的发祥地，哪里就更有可能出现大型高级文明，长江和黄河两大河的中下游就是农业文明的摇篮。

北方人主要种粟米，南方人主要种稻米，位于长江和黄河之间的中原地带就成了粟米和稻米拥抱在一起的地方。在极大程度依靠老天爷赏饭的新石器时代，多一些农作物的选择，简直就像是拥有了一种"黑科技"。这使得这个地方抵御自然灾害、气候变化的能力远强于其他地方。不难想象，这种地方就是新石器时代的"北、上、广、深"，是机会之都，大家都想到这里来挣一口饭吃。如果那时有王朝的话，考古学家们会认为这里很可能就是国都。

推测是推测，证据是证据，能不能找到"失落的夏都"，还要看考古学家的搜证工作。

于是，就有了此后的 60 多年间，三代考古学者（许宏教授就是第三代考古队长）前赴后继，在这四万多平方米的考古现场上孜孜不倦工作的场景。

中国考古人的判断和努力配得上足够有价值的发现。

首先是建筑遗址。考古人员发现了需要 1000 名劳动力共同建造 200 天以上才能完成的巨大宫殿，仅仅一座宫殿就比现在的国际标准足球场还要大。再加上设计、绘制、测量、建造、后勤保障人员，整座宫殿需动用的人口想必要超过数十万。人口是衡量史前文明的重要标准。在二里头被发现之前，一般的史前文明聚落总人口不会超过5000人，而这里以万计的人口数告诉我们，这个文明聚落必定已经出现了极其细致的社会分工、阶层分化。我们已经不能再用"史前"二字称呼它了。

二里头文化遗址告诉3700年后的我们：这是一座道路宽阔（最宽处达到20多米）、宫殿巍峨、精致美丽的上古名城！

气派是足够了，但它怎么就是"最早的中国"了呢？

从宏观上说，这座城市不仅仅是大，还很有"中国气派"。

城市中有很多大"四合院"建筑。最大的宫殿建筑群，出现了明显的中轴线设置。

有宫殿群，就意味着宫殿不止一座。城市必然涉及道路规划，功能区划分。这种设计是最能体现设计者的精神世界与文化认同的。

从考古发掘的情况来看，二里头遗址的宫殿设计与城市规划很不简单。比如，俯瞰宫城里的宫殿建筑群分布情况，我们会惊人地发现两组明确的中轴线规划设计。

玩笑地说，宫殿有"中"轴线设置，用河南话说就很"中"，也很"中国"了。

许宏教授在《最早的中国》中写道："这和我们几千年后的故宫比起来，可以说是一脉相承。"

　　二里头还有一个特点就是"眼熟"。没错，不仅在河南，它在中国的很多地方都出现过。

　　燕山南北的夏家店文化、黄河上游的甘肃地区，甚至是四川的三星堆以及越南北部的很多文化遗址中都出现过二里头风格的器物。猜猜这是怎么回事？

　　让我们回到那条"小青龙"。中国是个国家，更是一种文化认同。《左传》有云："国之大事，在祀与戎。"古往今来的祭祀传统，更是每个王朝的文化高标。二里头大量的祭祀文化的表现让它在上古的星空中如此璀璨。

　　考古学家们发现的这条中国最早的龙，就像是二里头的中华文化符号的缩影，宣告着它以后会出现在帝王的服饰上、庙堂的梁柱上、美丽的青花瓷上以及每个龙的传人的梦里、心里、歌声里。

02

商朝：天命玄鸟——妇好鸮尊

"小燕子，穿花衣……"小时候唱这首儿歌时我就心不甘情不愿。燕子哪来的花衣服，它是地地道道的"玄鸟"啊！

《诗经·商颂·玄鸟》里有这么一句："天命玄鸟，降而生商。"

商，就是这样一个有了明确吉祥物的朝代。

我的家乡也有一只鸟，很出名，它是从第一代晋侯燮父的墓葬中飞出来的。它的主人给了我的家乡一个名字：晋。这其实已经是西周中期的出土文物了，但我们还是可以看到先民鸟崇拜的影子。

从这只鸟的体型和外观来看，它更像孔雀一类的大鸟，而不是燕子。假如你去祖国各地的博物馆、青铜器藏馆看一看，你会发现许多西周、春秋、战国时期的大鸟，但后来就慢慢少了，走兽的威猛慢慢取代了禽类的灵动。当我们再遇到鸟儿时，它们已然变得一派仙风道骨。

那我们来看看商代的"鸟"，先来看看一只猫头鹰。

这只猫头鹰来自商王武丁之妻妇好的墓葬。在魔幻文学《哈利·波特》中，猫头鹰的主人通常是女巫，而这只猫头鹰的女主人也是一位巫女。国之大事，在祀与戎。在上古，

晋侯鸟尊

山西省博物馆馆藏　图片由北京壹图摩德网络科技有限公司提供

祭祀和战争的大权往往掌握在少部分人手中，难以分开。这其实很好理解，通神的资格和最高军权都是统治者要牢牢把握的。可以说，所有的商代帝王都是大祭司本人，就像所有的埃及法老都是政教不分，"人神一体"的存在。

在人类文明发展的道路上，"鬼神治国"阶段是每个古老文明都要经历的。在一些文明里，这个阶段很长，甚至演化出了严密复杂的宗教体系。但是在我们的文明里，这个阶段最纯粹的存在就是商。"早熟"的我们在西周时期便找到了凝聚人心、管理国家的更好办法。

假如我们把中华文明看成一个人的话，商代就是童年期。童年是天真、率真的，这种"真"很难得，是久经世故的成年人再也找不回的。商代的青铜器处处散发出稚子的想象力和生命力。夸张的造型、顽皮的纹饰在后世的器物上并不多见。

但童年期也带有一丝丝狰狞，孩童未经教化的恶是最残忍的。有很多小孩儿都有抓住昆虫扯掉翅膀的经历，儿童心理学也告诉我们，同情心不是与生俱来的，儿童的大脑要到了很晚才能激活出同理心和同情心的部分。这种调皮但危险的气质也"很商代"。

商代有一种跟鬼神沟通的办法，以甲骨进行占卜。这种办法不断延续，最终形成文字——甲骨文。大家去看看甲骨文就知道，很多文字描述的意向以现在的眼光看来是残忍的。比如"微"这个字，就是手持棍棒去打长发的老人，这是远古的一种棒杀老人的习俗。如此说来，想想那句"天不生仲尼，万古如长夜"真是十分有道理。

商代还有非常残忍的人牲、人殉的制度，甚至是活人祭祀！

从情感上，我更愿意相信《诗经》里说的玄鸟是猫头鹰。因为这种鸟的精神气质更接近"商"这一绮丽的鬼神时代。

猫头鹰确实体现着远古文明的审美气质。很多文化中都有几种动物组合在一起的神兽崇拜。比如西方的狮鹫，埃及的斯芬克斯和阿努比斯，《山海经》里的各种奇兽。猫头鹰就是这一类特殊的动物——猫的头，鸟的身子，与其他鸟类不一样的声音，尤其是那张太像人脸的面孔，都让它在我们远古先民的心里留下了神秘、类神的印象。再加上一般鸟类在夜里休息，猫头鹰的眼睛却可以让它在漆黑一片的夜里捕猎。这更是给这种肉食性鸟类蒙上了神秘的面纱。

中国的上古文化中有两种特别重要的动物，可是随着文化的发展，地位逐渐下降。它们一个是熊，一个是猫头鹰。男有黄帝有熊氏，女有妇好鸮尊。这两种动物有什么共同性？看看它们的眼睛吧！熊和猫头鹰都是自然界中很少的双眼长在面庞正面的动物。这种眼睛位置太像人类，当它们看我们的祖先时，就有一种来自大自然的凝视的感觉。想想埃及的猫吧，也是这个道理。这种心理感受对于处在文明童年期的人类来说是有特殊意义的，但到"心智成熟"后，就显得幼稚了。想要唤起神秘感，还得靠更有神秘感的龙、凤、鼋、鳌。

但是这种远古的记忆，虽不在庙堂，还留在民间。比如我们至今还有"夜猫子进宅，无事不来""不怕夜猫子叫，就怕夜猫子笑"的说法。这些民间俗语还记录着远古先民文化基因中的恐惧。崇拜与恐惧是密不可分的，它们都是由力量带来的。

在商代先祖的眼中，鸟不但是神秘力量的代言，也是生殖崇拜的表现。

生殖崇拜，这更是一个即使相对商代来说依然古老的概念。在人类文明萌发伊始，我们的祖先从动物中"醒来"，有了自我意识，明白了生命可能不是永恒的。面对死亡的恐惧，在神话和宗教还未出现时，旺盛的生殖能力就是我们对抗死神的崇拜。从人类学的角度讲，这种生殖崇拜分几个阶段，每个阶段都有承载生殖崇拜的动物。首先是承载女性生殖崇拜的鱼图腾和蟾蜍图腾——这可能来自女性生殖器和孕妇的象形。之后是承载男性生殖崇拜的蛇图腾和鸟图腾。这两个时代背后的名字分别是母系社会和父系社会。

　　有这样一种说法，在中华文化中，原本承载着男性生殖崇拜的蛇图腾和鸟图腾，分别演化成了龙和凤。而凤也逐渐成了帝王家女子的象征。还有人认为，蛇也被篡改成了女性的象征。比如汉代以后，女娲的形象开始表现为蛇身。

　　"天命玄鸟，降而生商"，这句话告诉我们，商代先人觉得让他们老祖母受孕的是一只神鸟，他们都是这只神鸟

商 "妇好" 鸮尊

河南博物院馆藏　图片由北京壹图厚德网络科技有限公司提供

的后代。对此，该怎么理解呢？

现代的科学告诉我们，当年让女性先祖受孕的一定是一位男性先祖啊，怎么会是鸟呢？神话不仅是文学，也是最早的历史，会出现鸟并不奇怪。想想前文提到的男性生殖崇拜的象征符号，一切都不难理解了。这是已步入文明阶段的商人对史前生殖崇拜图腾的文化记忆残留，这种残留以神话的方式被记录了下来。

大家不要忘了那句歌词："小燕子，穿花衣，年年春天来这里。"鸟类中有一类叫候鸟，所以鸟也是一种可以连接季节的动物。古时有个节日叫"上巳节"，俗称"三月三"。周已有了关于这个节日的记录，上巳节就是中国版的情人节。《诗经》中有大量描绘上巳节时男欢女爱的情歌。在这时，一段段爱情诞生，生命的孕育也在进行，而三月三的天空中还有"年年春天来这里"的小燕子。春天、情爱、玄鸟、生命，被紧紧联系在一起。

但在商代，一切还没来得及更改，鸟类符号还保持着文明童年期的真实与稚气。它们大规模地出现在庙堂上的各类重要典礼中，燕子飘逸、鸮尊威武、金乌辉煌、孔雀婀娜。

再看一眼这些有性格、有灵性的鸟儿吧。它们向我们讲述了一个我们再也回不去的上古文明，而中华文明这只大鹏也要准备起飞了。

西周：宅兹中国——何尊

3000多年前，有一位叫何的西周贵族，给千年之后的我们写了一封"信"，并把它刻在了一只饕餮纹的青铜尊上。这封信上有个地址，叫"中国"。

1963年，在当时的陕西省宝鸡市宝鸡县贾村镇，有位农民在自家房子后面的土崖上发现了一尊青铜器。1965年，它被收藏于宝鸡市博物馆。1975年，国家文物局的专家们因为这件青铜器底部的铭文，把它命名为"何尊"。

这件青铜器之所以被尊为"镇国之宝"，是因为铭文。其实严格地说，通过这件宝物，我们可以看出"中国"这个词至迟出现在西周初年。我们目前能见到的证据，就是

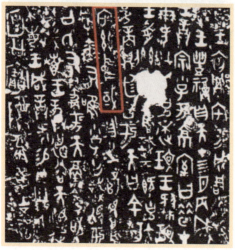

何尊及其铭文

何尊内底所铸的铭文"余其宅兹中国"。

上海复旦大学葛兆光教授 2011 年出版的著作《宅兹中国》，讨论的是"中国"这个概念。

说到这里，你也许会想："我们就是中国人，我们的国家就叫中国，这有必要让一位历史学者花一本书的篇幅去讨论吗？"我想说，这是个大问题，讨论它的著作绝不止一本。

我们学习历史的目的是什么？探究帝王将相才子佳人的八卦自不可取。如果只是以史为鉴，知兴替，知得失，未免也太功利了些。况且千古无同局，单单以历史为镜也未必可以照进现实。其实我们学习历史还有一个很重要的目的，那就是知道我们是从哪里来的，我们为什么是我们，现在为什么是现在。所有"日用而不知"的概念都应该有个缘由。学习历史就不能轻易放过那些所有"约定俗成""自然而然"，一切都要问个为什么，要刨个根底。

事实上，很多现代概念的源头都在西周，比如"中国"。

严格地说，何尊铭文上的"中国"二字与现在还是有区别的。铭文中记载了周成王继承周武王的遗训，大概的意思是以周天子的口气说："我以后就要住在中国啦，来统治大家。"

奇怪了，你本来不就在中国吗？难不成武王伐纣之后成了外来人口？你说你现在要住在中国了，那原来你住在哪里呢？由此引发了一连串的问题。

我们先来看看铭文中周武王说的"中国"具体是哪里。这里的中国是西周王朝的京师，成周，位于河南洛阳附近，伊河、洛河流域的中原地区。这里原是商人的文化中心。那么周人原本住在哪里？周原，今天陕西省宝鸡市扶风、岐山一带，这是周灭掉商之前的都城。不知道大家有没有感觉到哪里有问题？征服者为什么不改弦更张，直接把自己的老家作为天下中心？

因为文化上的中心不是说变就能变的。这里，我们能隐约看到一种中华气派的战争逻辑。那就是，不管谁武力获胜，文明的传统已经形成，战争结束不意味着有新的开创者，只能说决出了新的继承人。继承的是什么？文化中国。

中原一带的政治、经济、文化的成熟度在当时是有优越性的，有着强大的文化向心力。中国，在这里是地理位置的形容，更是文化高标的一个形容词。谁占有了文化的"中国"，谁就可以做"天下"的主人。

从此，中国就是一个开放的概念了。不论你来自周原，还是关陇；来自茫茫草原，还是白山黑水，只要你在文化上推崇自商周时就已有的"中国"，认同自己就是一个要"宅兹中国"的人，那你的王朝就是中国。

反之，就算你武力再强，但是达不到文化上的中国高度，哪怕你有扛鼎之力，那也只能抱歉地说一句"在德不在鼎"。

当然，"中国"这个地理概念和文化概念会随着每一代"宅兹中国"的人的注入不断扩大。

"德"这个概念就是周人加诸"中国"的。"德"其实很早就有了，商代甲骨文中就有"德"字，只不过商代甲骨文中的"德"字没有心字底，是"得到"的"得"。得的反义词是失。就在这座何尊上，除了"宅兹中国"，"德"也是一个十分重要的字。这是我们第一次看到了"德"字有了心字底。

这是一颗什么心？人心。

西周不是完完全全的商的继承人。王国维先生曾经说过，中国历史上没有什么变革能大得过从商到周的变革了。这种变革最明显的地方，就是在政治中引入了"人心"。

西周是怎样注入人心的？靠的是生物学上最稳固的血缘利他行为，就是"亲亲之爱"。这真是一项有人性基础的政治创举啊！西周创立之初，能力其实不足以碾压群雄，面对各路诸侯和实力尚存的殷商顽民，以周公为首的周人创造性地把人类最朴素的血缘关系融入政治。宗法、分封、礼乐应运而生，这不但稳住了当时的局面，也开启了中国"天下一家"的文化认同。也有历史学家认为，这可能和周人还在周原时的农业经济模式相关。老实巴交的周人敦厚纯朴，不相信老天会一成不变地保护哪只玄鸟或虬龙的后人，他们只相信天有不测风云，种庄稼要敬天，家中有余粮才心中不慌。可以说，忧患意识成了周文化的底色。所以，即使是得胜回朝的征服者们也不忘拉关系、走人情。大家都是一家人，和为贵！

是啊，想要获得，就要以心换心，将心比心。周人用人心治国，代替了商人的鬼神治国。"得"从此变成了"德"。

这种变化也体现出一种政治、文化上的成熟。以飞鸟为梦想的儿童时代过去了，人君的时代到来了。

从文物上我们还可以看得出，周的青铜鼎上少了一些商代青铜器上的鬼神之气和生命灵动，却展现出一种商代少有的沉稳大气。

我曾经打过一个很不恰当的比方，从统治术上来说，商代的青铜器、甲骨文是通鬼神的，可它们实际上是给人看的，是用鬼神来吓唬人的，是一种狐假虎威，借题发挥。吓唬人的成本很高，因为有时吓唬不住，你需要动真格的，而且即便吓唬住了，也不能有什么实质性的动作，因为毕竟距离才能产生神秘感嘛。而周人的办法就是用"中国"，用"德行"，用"人心"给你讲一个很大的故事，不但不吓唬你，还跟你套近乎，让你心甘情愿地、心驰神往地走入他编织的大故事里。因为在这个温情的故事中，每个人都有自己的位置，位置低的可以抱团取暖，位置高的也可以坐享其成。即便有时候你觉得这故事也有虚伪矫揉之处，但是很多人都愿意把这个故事一直讲下去。因为只有这样故事才能越讲越大，才能让更多人进入故事里，管理超大规模的疆域就有了可能，而且温情脉脉的面纱让管理的成本变得很低，这在上古时期那种物质极其匮乏的年代是很重要的。

中国，这个伟大的故事一直讲到了今天，还将继续讲下去，每一代讲故事的人都有自己的风格内容，我们都该感谢周人开了这个故事的头。一个有德，才有中国的故事。

当然，故事大了之后也有危险，故事里人物多了，谁是主角，谁走故事的主线，能不能重启一个故事，这都成了问题。这就是我们下一节要说的问题。

04

春秋：越王勾践剑

争霸是什么？就是没有撕破脸的战争。战争一定会用到剑。

这是一把很有来头的剑，代表了春秋时期青铜剑的最高水平，也反映出春秋时期的战争逻辑。

它发掘于湖北省荆州市江陵县。据说这把剑的主人原来是越王勾践。有人说，这是越王勾践给自己女儿的嫁妆——越王勾践把自己的女儿嫁给了楚昭王。当然这种婚姻一定跟浪漫无关，野心家勾践是拿女儿换盟友，这把剑是跟着公主一起来到楚国的。也有人说，这可能就是楚国从越国抢来的战利品。历史上的两种说法，我们可能很难有定论，但是不论是政治联姻还是刀兵相见，都让我们感受到这个时代贵族们其实日子也不好过。

我们说春秋的战争之所以叫"争霸"战争，是因为还没有撕破脸。什么意思，就是贵族们当时要的是让大家服我，认我这个"大哥"。争霸要靠实力，但也要有底线。不论是之前的齐国、晋国、秦国、楚国还是后期的吴越争霸，想要争霸当"大哥"，不必像后来的战国那样的处心积虑地灭掉别的国家，而是找最厉害的大国来一场有规则、有底线的比赛，靠赢得比赛让对方臣服。比如楚国争霸，就必须挑战上一任霸主晋国，晋国也要和楚国、秦国这样的大国赛一赛。打仗的过程也很像比赛，不能偷袭，要约定时间，光明正大地"车战"。打完了就罢了，不需要把对方的国家灭了，只要对方服气了就好。

所以大家可以看到，春秋战争往往是远攻——因为要挑战最强者嘛！到了战国就比较实际了，面子什么的都不重要，远方的大国可以搞外交，身边的小国就是吃掉、吞并。用不着让你服我，因为狮子不会在意绵羊的想法，你服气不服气也不重要。

为啥春秋时的诸侯王们这么好面子呢？因为他们是贵族，他们还有梦想。

贵族要用这种礼仪把自己跟平民分开。他们认为战争是高贵的事情，这是贵族的荣耀，绝不与平民分享。至于他们的梦想就是他们还相信之前的秩序。这个秩序就是礼乐。贵族们认为，我打仗打的是什么？打的是谁更讲礼，我要无赖，兵不厌诈，赢了又怎样？就像你冲过去把人用肘关节打倒，不运球，踩着梯子把篮球放入篮筐。就算进球了也没用了，不但不会有人服你，估计你就会被别人团结起来赶出赛场，再也失去了上场的机会吧。

讲到这里，你就明白为啥吴王夫差要把勾践留在身边了吧。

吴王夫差是卧薪尝胆的主人公。公元前 496 年吴王阖闾伐越受伤身死，阖闾之子夫差即位。夫差铭记父亲失败时的叮嘱，发奋图强，最终在两年之后战胜了勾践。现在很多人喜欢从性格、心理方面分析吴王夫差不杀勾践的原因。但是你若明白了前文讲的春秋争霸逻辑就会知道，吴王夫差必然不会杀勾践。因为他要当大哥，把小弟杀光了，不就成光杆司令了？他要的是越国的臣服。而且夫差知道，要想当霸主，哪怕杀勾践十次也没用，你要跟当时的中原大国掰掰手腕。只有把晋国干趴下了，大家才会正眼看你。

所以我们看到的是，吴王夫差把勾践和他的国人们留在身边进行考察。勾践当然知道他要表现出什么。没错，就是臣服，而且是被吓破胆的臣服。

剑者，贵族之兵刃。刀者，平民之兵刃。剑要舞，刀可耍；习得剑术方可伤人，横刀在手有勇可搏。但剑有双刃，出鞘必见血，不是敌人的就是自己的。

在中国的文化体系中，剑确实带有一种贵族之气。这可能跟青铜剑的珍贵有关。剑不是不可以砍砸，但是相较于后来的铁器，青铜的成本更高，硬度更低，所以还是以刺杀为主。后来，这种更利于穿刺的双刃的结构被固定下来。用剑，就需要学习剑术，否则就会伤到自己。贵族和平民最大的区别就在是不是有钱、有闲、有勇气学习这样的"高科技"武器使用方法。

勾践就是这样的用剑大师。

自古以来，复仇故事就是吸引人的，古今中外的史学家都偏爱这样的故事。《史记》便是如此。我不敢说当时的史官们记录历史时是否把写实当作第一要务，但毫无疑问的是，人类的大脑更容易记住那些更有传播性质的故事。

《史记·越王勾践世家》占据了吴越争霸的大部分篇幅。勾践这个大名人去世后，在司马迁的笔下，后代的越国国君们净剩下流水账般的人名了。

卧薪尝胆的勾践、忠心耿耿的范蠡、文种，美女间谍

越王勾践剑

湖北省博物馆馆藏 图片由北京善图厚德网络科技有限公司提供

西施，再配上骄傲自大、不知民间疾苦，膨胀到去跟晋国争霸的吴王夫差，一场大型历史话剧就这样拉开了序幕。

春秋的逻辑告诉我们：让吴王夫差放掉越王勾践的不是自大，而是时间。换句话讲，夫差从一开始就知道勾践是杀不得的。

夫差要的只是看到勾践臣服，这样他才能安安心心地去跟远方的晋国争霸。勾践就是抓住了夫差这种心态。

勾践的反抗，吴王并非想不到，而是根本没往那方面想。

越国没有好大喜功，去挑战中原老大，而是致力于提高自己国家的战争效率，把自己的国家变成一台战争机器。当吴王按照老套路求和，提出会盟认老大时，却发现越国要的根本不是吴王的臣服，而是整个吴国！

越王怎么就不按套路出牌呢？怎么不争霸，开始灭国了呢？

春秋的贵族之剑难道要折了？没错。越国是春秋最后一任霸主。我们可以看到越国的崛起已经不玩之前的争霸逻辑了。很多人说勾践是小人，心理扭曲。但是他的小人、扭曲不在于个人，而是在于他所处的时代。

吴王夫差并非输给自己的自大，而是他真的以为勾践跟他一样是舞剑的，没想到人家早就拔刀了……

我们马上就要看到一个兵不厌诈，没有底线，杀人如麻，不把秩序当目的，只把混乱当阶梯的时代到来。

战国：曾侯乙编钟

小时候，我对很多现象都有自己的奇怪看法。

比如，当我第一次看到编钟的时候，就觉得这种乐器好傻啊。我当时在学钢琴和小号，对通过钟体的大小来分音调高低的做法很不理解。人家西洋乐器可以通过机械改变共鸣腔大小，这多方便呀。读书之后我才知道，编钟不是一般的图省事的乐器。这是春秋正音。

编钟，是一种几乎从未离开过庙堂的乐器。从来没有一种乐器，跟政治走得如此近。钟声，也成了统治阶级的主场音乐。

所以，如果考古工作者在考古现场发现了哪怕是一两组、三五件编钟，这个考古工作队都会无比振奋。因为这样几乎就可以确定，这应该就是一个等级很高的贵族墓葬了。倒不是说贵族墓葬会有很多金玉珠宝，而是因为墓主的阶级特殊性能给我们带来更多的历史信息，说不定也能解决更多的历史谜案。

那要是在一座墓葬中一下子发现上下 3 层，8 组，一共 65 件编钟呢？没错，那就是国宝了！

曾侯乙墓编钟就是这样的国宝。国宝是什么意思？就是太珍贵了，珍贵到不能出国展出。2002 年 1 月 18 日，这套恢宏的乐器被国家文物局列入《首批禁止出国（境）展览文物目录》。

这样的国宝，墓主人得是多大的贵族，有多高的身份啊？

曾侯乙是战国时期曾国的国君，我们一起来看一看他的履历。

曾国还有一个名字叫随国。或许有些人没有听说过这个国家，觉得它可能就是一众大国之中的"小龙套"，其实还真不是这样。假如你读过《封神演义》，也许曾留意到一个人物，他最初是周文王的大将军，后来伯邑考入京后，把外事和军事都托付于他，这个人就是南宫适（kuò）。

这位南宫大将军勇冠三军，手持一把大砍刀杀得敌军丢盔弃甲。但是由于这位南宫将军不会法术，他的故事在这部以神怪题材为主的小说中渐渐被隐去了。小说中的这种安排其实是很有道理的，因为这位南宫将军在历史上确有其人。

他就是文王四贤臣之一的南宫适。这位两朝老臣辅佐了文王、武王两代周王。

武王伐纣之后，南宫适奉命把商王囤积在鹿台的物资分发给了穷苦百姓，并且把商王祭祀的重器——九鼎带回了周都。南宫适为稳定战后的社会秩序做出了重要贡献，能接受这样重要的任务，他在周武王身边的地位也可见一斑。

南宫，也是南公，这里的"公"可能是公爵的意思。南宫适是姬姓，跟周王是同姓。周初授封的级别是很高的，南宫适也算高级贵族。身为亲信，他被武王委以重任。他的分封国担负着对江汉地区的控制和防御重任，曾经也是汉东地区第一大国。

曾国从春秋到战国，从开国封君南宫适到我们今天主角，曾侯乙墓编钟的主人曾侯乙，一直都承担着为周天子镇守南方国境的任务。

也许是历代曾国国君对自己祖先的遗志不忘，所以他们对周王朝的礼乐文化无比虔诚。

说起礼乐文化，是以周公为首的周人的一个伟大发明。其中音乐扮演着重要的作用。我们都知道，礼乐的核心在于以各种方式维护、外化等级观念。音乐最大的特点就是用高高低低的音高组成规律的音乐，就像周人推崇的等级社会，人人各安其分，即便等级高低不同也可以构建出和谐的乐章。

　　曾国的历代贵族从小就接受音乐的教育与熏陶，所以历代曾国国君有着很高的音乐造诣。

　　曾侯乙墓编钟是一件七声音阶乐器。没错，不要再说中国古典音乐只有五音了。一些人认为西方音乐有

曾侯乙编钟

湖北省博物馆馆藏　图片由北京壹图厚德网络科技有限公司提供

七声音阶（1234567），而中国传统乐器都是五声音阶
（12356），缺了两个半音阶的音。这种说法看来要改一改
了。西方音乐有非常复杂的声部，表现或悱恻忧伤，或雄
浑高昂的情绪，咱们中国古典的音乐大多是单声部，多是
明朗、欢快的曲子。果真如此吗？也许在这套编钟出土之
前吧。

曾侯乙墓编钟以独特的五组七声音阶的音域打破了所有
人的错误认知。中国古人，或者说上层贵族阶层，对音乐的
追求和理解早在 2500 年前就已经达到了相当惊人的高度。

这 65 件大大小小的编钟，每一个都可以发出两个不
同的乐音，所有这些编钟排列组合在一起，完整地构成了
五个八度——从 C2 到 D7。这件国宝可以发出优美、纯正
的音色，基调跟现在的 C 大调相同。这些编钟甚至可以形
成三个重叠的声部，几乎能够演奏出完整的 12 个半音。

这套钟直到今天还能演奏出音乐呢。每一个钟都有两
个声音，两个音之间差三度，不但互不干扰，而且可以产
生和声。当然国宝太宝贵了，不会经常演奏，如果去湖北
省博物馆有可能听到用复制品演奏的现代乐曲。

这套编钟能有这样的惊人的表现，多亏了古人精湛的
青铜铸造技术。

这样的编钟纹饰复杂、雕刻精美，只要稍有不慎就会
影响钟体的质量、厚度，而这些因素一定都会影响到最后

的音色、音质。对有着高超音乐鉴赏能力的曾国贵族们而言，这种事情是万万不能允许的。

好在有失蜡铸造法。

商代青铜器的铸造方法其实已经非常精湛了，但是我们的祖先从不会停止学习。这套编钟是当时的"黑科技"。以当时的制作技术，我们的先祖已可以制作出如毛发般细致的纹理。利用石蜡的特性，铸造过程中要把它融化掉，所以叫失蜡法。这种方法其实是来自西方，希腊罗马的青铜器就是用失蜡法铸造的。可以这么说，这件国宝还是咱们东方文明与西方文明文化沟通的结果。

这位叫"乙"的曾侯呀，您确实是行家啊。是您让我们看到中国大地当时的音乐最高水平。但是，我真不知道他的祖先南宫将军，会不会为此感到高兴。

因为，曾侯乙，僭越了。

大家都知道孔子喜欢音乐。《论语·述而》有云："子在齐闻《韶》，三月不知肉味。"但是，超过周礼礼仪规格的音乐孔子是不听的。超过人数规格的歌舞，孔子说"是可忍，孰不可忍也"。

现在，我们回到一开始的问题，这么精美的乐器，为什么却跟"礼崩乐坏"联系到一起了呢？

数字，在礼仪规格上是个重要指标。这套编钟也是这样。它太豪华，太精美了。大家知道，按照周朝礼乐制度，周天子才用七口钟的编钟，而一个小小的曾国侯爵居然用整整 65 件。这是要反了吗？

什么是战国？很多人喜欢从战争层面理解战国。在这里，我们不妨在看似温和雍容的音乐中听一听战国的声音。假如孔子活到战国，痛斥"礼崩乐坏"时，看到类似曾侯乙编钟演奏的华丽场面。他大概也会直面痛斥曾侯乙："你忘记了你的先祖是怎样扶保周天子的吗？你忘记你们曾国是满门忠烈吗？"

但是，如果孔子真的活到了战国，真的教训了曾侯乙，这位曾侯会说什么呢？他可能会说："夫子啊，我何尝忘记我是南宫后人，我何尝忘记镇守江汉的使命，可你看看外面的世界吧，诸侯纷纷变法、争霸、杀人如麻。我能怎么办？您想让我制止他们，尊王攘夷？那我只能也变得更'坏'，离周礼越来越远。知道楚国吧，唉，算了吧……不提也罢，您消消气，现在能听得懂'天子之音'，保留这'天子洪钟'的地方已经不多啦……"

没错，像曾国这样的周天子元老级分封国后来被"变法"了的，更讲究实际的楚国、秦国先后"战胜"。但是，也别小看这一组组编钟，他们的国虽然会被灭掉，但文化随着音乐会流传下来。

曾侯啊，你没有辜负先人。你敲响了文化长流的希望之钟。

秦朝：秦简

不知道你上学的时候，最头疼的学科是什么？学霸的童年也许各有各的高光时刻，学渣的童年则有可能却出奇的相似——他们都不喜欢数学。

我父亲很擅长数学。初中时，他曾经很不解地问我说，"你做数学题时，难道就没有一种玩魔方的快乐？解出答案，难道不像成功拼出魔方那样让人兴奋吗？"

我心里是这么回答的："第一，做数学题没啥快乐、兴奋的。第二，我从来也不喜欢玩魔方……"

"中国人的数学水平很高"，这是很多西方国家的老百姓对中国孩子的刻板印象。但是，会形成这样的印象是有原因的。我曾经听过几个关于古人超强数学能力的段子。

比如，《易经》里的阴阳不就是二进制吗？中国人是为数不多的能用一只手比画出十个数字的民族。其中最重要的例子是，中国的孩子都会背诵九九乘法表。

古埃及，古希腊，古巴比伦等很多文明都没有这样的乘法口诀，如果你英文够好，也可以尝试着用英文来念一念九九乘法表。可是读出来都拗口，哪里还能称之为"口诀"啊。

中国的孩子们是从什么时候开始背九九乘法表的？这个问题恐怕很难回答，但我们的小祖先们很久很久以前就开始在数学课上走神儿了。

2002 年 6 月，考古学家们在湖南省湘西土家族苗族自治州龙山县的一口古井中发现了 3.6 万余枚秦代简牍。简牍的内容非常庞杂，不仅有政治、军事，还涉及交通、文化制度，等等。

秦朝时间不长，二世而亡。然而有意思的是，这个朝代竟留下了如此多的简牍。嗯，这很"秦朝"。其实，"秦简"这个概念应该是包括周秦两代秦国遗留下来的简牍。有湖北的云梦睡虎地秦简、四川的青木郝家坪木牍、甘肃的天水放马滩秦简、湖南龙山里耶秦简……真是不少。

我们今天聊到的湖南龙山里耶秦简里有一枚有趣的"九九乘法口诀"简牍。很好，我们找到了秦朝就有九九乘法口诀的考古学证据。

　　在这枚简牍背后，考古学家发现了一些奇怪的符号，很多大学者都无法解读。经过谨慎的研究确认，这可能是一个秦朝小孩儿上课走神时的涂鸦之作。有本书对我影响很大，那就是高蒙河先生的《考古不是挖宝——中国考古的是是非非》。其中，高蒙河先生说他看到这里，"有过上课走神经历的你我，是不是会会心一笑？抚摸简牍上漫不经心的刻痕，我们似乎看到了两千多年前一个令人恹恹欲睡的下午，喋喋不休的老师实在让人提不起兴趣，一个小孩儿趁老师不注意，在简牍背面胡乱刻画着……"

　　我曾经在一档电视节目中说过这么一句话："在时光机还没有被发明之前，考古是最好的穿越方法。"岁月沧桑，亘古不变的就是人心。"人心"有大情怀，更有小情绪，其实我觉得情怀往往要依托意义，时代会让意义发生各种改变，反倒是在小情绪上，我们更能够和我们的祖先保持一致。

　　我上学的时候有个说法，现在已经不怎么使用了："学好数理化，走遍天下都不怕。"那么古时候，什么人会学习数学呢？

　　儒家有一个说法叫六艺，即礼乐射御书数。说起来数学也是贵族之能。但也有历史学家说，这里的"数"更多是对《周易》的研究。关于这个问题，有则故事很生动：

　　春秋年间，齐桓公设立招贤馆征求天下贤才。可是等

里耶秦简

里耶秦简博物馆馆藏　图片由里耶秦简博物馆提供

了很久，一直没有人来应征。过了一年多，好不容易来了一个人。他声称自己有"小九九"，并当着齐桓公的面把九九乘法表背了一遍。齐桓公愣了一下说："你开玩笑吧，这也叫本事？九九乘法口诀叫什么本领！"

那个人说："会九九歌确实不算什么。但是如果您对我这个只懂得九九歌的人都能以礼相待的话，还怕天下高明人才不投奔到您这儿来吗？"

齐桓公听过深以为然，隆重地招待了此人。这个消息不胫而走。果然，不到一个月的时间，就有许多贤才从四面八方来到了齐国。（见《韩诗外传》）

我们来解读一下这个故事。齐桓公看不上人家会背九九口诀，是因为太简单了？还是这个技能太低级了？这二者有区别吗？有，简单是技术层面上的，低级是身份层面上的。

很多人倾向于是前者，而我个人觉得大概率是后者。

我们不妨从结果来看。试想，如果是因为简单，那么齐桓公会招揽来什么样的人？这不就是放低标准么？招人可以别具一格，但不能放低标准吧！所以我推论，九九乘法口诀被齐桓公看不起，是因为齐桓公认为这项技能太下里巴人，并非治国之才吧。

但是齐桓公为了招揽更多人才，还是把这个懂数学的人当作了一个招牌，来体现自己广纳人才的"广"字。招牌的作用只是挂出来，真正目标是被招牌吸引来的人。

但有些人还不止于此。比如秦王，他不仅会把位低但多能的人当作招牌，还对他们委以重任。

这些多能但位卑的小吏，是秦国（后来的秦朝）的关键人物。他们是螺丝钉，螺丝钉只有在机器里才有作用。大秦就是这样的机器。

湖北云梦县睡虎地秦简记录了这样一位叫作"喜"的小吏。他从17岁开始就管理文书，一干就是几十年，事无巨细都要参与。千千万万这样的小吏构成了秦国法家治国的基石。

秦朝把郡县制推广到了全国，一"推广"就是几千年。从此有了个概念叫"中央集权"。近些年来，很多历史工作者在努力向大众推广，"封建社会"这个说法其实并不适用于秦以后的中国。这种说法在推行的过程中受到的阻力不少，但它其实很重要。要想更好地理解中央集权这个概念，就必须把它和"封建"区别开。

其实封建社会之所以没有中央集权，一个关键原因是因为做不到。统治者手里没有足够的人才储备。只有贵族才有可能接受教育，孔子很伟大，打破了教育权的垄断，把教育向下推广。这个过程中有一个很重要的发明，那就是竹简。竹简的发明让教育成本大大降低，更多人可以通过知识来改变命运。虽然彼时还没有科举制，没法做到朝为田舍郎，暮登天子堂。但可以做一个文书吏，刀笔吏让帝国成为可能。

很多人都关注秦始皇一统六国，但是我却更能理解那个学习乘法口诀的孩子。那个孩子长大以后可能就会变成像"喜"那样的一个"公务员"吧。没有他们就没有大秦帝国。

07

西汉：马王堆 T 形非衣帛画

神话是文学吗？

神话是科幻吗？

神话是历史！

为什么这么说？今天的魔幻文学也好，科幻小说也罢，都是作家的主观创作。而先民的神话，往往反映了当时的人们认识世界的方式。所以，原始神话就是非常重要的史料，只不过这些史料都是以"密码"的形式出现的，需要我们破译。

古代人们对大自然的存在，只能达到一种似是而非的感觉和认识。但只要有这点感觉和认识，我们的祖先就可以靠着有限的认识发挥出丰富的想象力。

这一节的主角把这种奇妙的想象力完整再现出来了——它就是马王堆 T 形非衣帛画。

1972 年，考古学家们在湖南长沙发现了一座汉墓，那是西汉轪侯利苍的妻子辛追的墓。现在如果你去湖南长沙，一定要去湖南省博物馆，看看 2000 多年前的辛追夫人。这座被称为"东方庞贝"的墓葬宝库，给了我们太多一手资料，让我们得以一窥汉代人的生活方式、思想观念。

这件文物叫非衣帛画。非衣，就是它不是衣服，那它是什么？它虽然看起来就像是一件呈现 T 字形的古代的带袖子的长袍。但它其实是在葬礼上引导着逝去的人走向天界的引路旗帜。相声《白事会》里说"打幡"的"幡"就是这个。这种打幡的习俗，今天在很多农村还能看到，出殡的时候，由孙子打幡。这种习俗在中国，至少也有 3000 多年了。

这幅画不大，上面的宽度是 92 厘米，下面的宽度是 47 厘米，从上到下长 205 厘米。但就在这幅不大的帛画上，我们的祖先已经把整个宇宙完整地呈现出来了。

画面上有什么？神仙、人间、冥界，还有很多至今仍可以听得到的神话故事。

虽然时隔 2000 多年，但是这些形象、故事和思想不会让你感到陌生。总体上看，这幅画画的是马王堆墓的主人辛追在这个空间里冉冉地往天国升去。这里就出现了三个层次，正好反映了在汉代，我们的先民们是如何理解宇宙的。虽然这和我们今天的科学认识没办法相比，但也有其独特的魅力。

画中的第一个层次是天界，第二个层次是人间，第三个层次是地下世界，或者叫冥界。请注意，这里的冥界还不是地狱。佛教传入中国后和本土文化相结合，才慢慢有了十殿阎君，阎罗王等地狱形象。

我们先来看第一层：天界。

画面最上面的当然就是天了。在画的正中间位置，出现的是一个红色的人首蛇身的形象。有人管他叫烛龙，有人也叫他祝融，也就是火神。

在这里，我们先不讨论祝融是不是烛龙。《楚辞章句》里有这样的说法："天西北有幽冥无日之国，有龙衔烛而照之也。"

有位在清末出生的姜亮夫先生在《楚辞通故·烛龙》中说："古人束草木为烛，修然而长，以光为热，远谢日力，而形则有似于龙。龙者，古之神物，名曰神，曰烛龙。"他认为"烛龙"即"祝融"的音转，烛龙传说即祝融传说之分化。也有人说，烛龙与开天辟地的盘古有一定关系，并将烛龙视作开辟神。

烛龙的左边是一牙新月，月亮里面有一只蟾蜍和一

马王堆T形非衣帛画

只兔子。月亮里面为什么会有蟾蜍和兔子？有种说法是古人对月球表面环形山阴影的"看图说话"。其实还有更深的原因。其实这都是我们之前讲到的女性生殖崇拜的遗留。

蛙形象在很多文化中都和孕育生命的孕妇联系在一起。而古人认为兔子是"望月而孕"。蛙和兔也都是生育能力强的代表，这样的形象还有鱼。我们不能苛责古人物化女性，把女性当作生育工具，这是古人在那个与死神斗争的残酷时代，对生命的代言人女性的礼赞。月亮周期性的圆缺和女性的生理周期更是让各个文明无一例外地把月神和女性联系在一起。

女娲在汉代以后多以人首蛇身的形象出现，但是她在"变身"之前的证据还是被保留了下来。这也是"娲"字的由来，娲其实原来就是"蛙"。易中天先生在《中华史·祖先》中还说正因为这样，我们生的孩子才叫"娃"。

天界当中，左边是蟾蜍和玉兔的月亮，右边则是一颗红色的太阳，太阳里面有一只黑色的鸟。这不是一般的鸟，而是三足金乌。

既然有月亮环形山的说法，当然也有关于太阳的说法。有些观点认为，三足金乌其实是古人对于太阳黑子的纪录。但我偏向于认为，这其实是男性生殖崇拜的象征。男性生殖崇拜晚于女性生殖崇拜，这可能从血缘氏族的计算方式由母系转为父系有关。鸟的第三只足其实是男子性器的象征。也有一些历史研究者不以为然。虽然很多文字记录中都曾把男性性器和鸟类结合在一起，但他们不认为鸟就一定和男性生殖崇拜有关，他们认为这和青铜时代对鸟类的雕塑艺术有关，三条腿比两条腿稳定。青铜时代过去后，这个习惯被保留了下来。

其实不论是男权社会还是青铜时代，三足金乌和月中蟾蜍一样，都是对过往岁月的记忆。

围绕着这个红色的太阳和黑色的鸟，还有八个太阳。没错，我相信你一定跟我一样，立马想起后羿射日的故事。

2013年《科学人杂志》刊载了一位NASA华裔科学家的文章。文章里说，多日并出其实是一次彗星撞击地球的天文事件。因为这是一颗质地松散的彗星。彗星被地球捕捉后，发生了解体，"九日并出"就是说这颗天外来客被解体成了九块。它们进入大气层后，因为摩擦生热就像太阳一样发光发热。所以《山海经》中说这九颗太阳不是平行分配，而是"九日居下枝，一日居上枝"。

因为质地松软，落下来的彗星碎片没有留下巨大的冲击陨石坑，只是留下了一片焦土。这就是《山海经》中所提到的"羿射九日，落为沃焦。"很形象啊，但是我还要再介绍一种假说。这可能是远古时代部落战争的指代，九日并出其实是虚指当时统治者的焦虑。因为很多小部落不听话，让统治者心烦意乱。这个统治者很可能就是尧，这些部落很有可能就是以太阳或者神鸟为图腾的部落。后羿替统治者剪除了这些不听话的小部落，但留下了一个太阳，这就是后来的夏。

"夏"字的甲骨文就是在太阳底下走的人，夏部落很有可能就是崇拜太阳的部落，是那个死里逃生的太阳。后来的商人也一样崇拜着太阳。四川的三星堆文化也有对太阳崇拜的反映。如此看来，躲过一劫的太阳部落还真不少。

再下面，我们可以看到鹤叼着铎。铎是一种打击乐器。铎底下，我们看到的横着的几何图形是一个华盖。在这块大华盖的上面，有两个人首鸟腿的羽人，他们守着人间与天国的通道——南天门。南天门的门框上，我们还能看到神虎和神豹。

华盖的下面就是人间了，看到我们之前讲过的猫头鹰了吗？不愧是阴阳鸟。人间这个部分的主体，也是整个画面的中心，女主角出场了。这是一位50岁上下的贵族女子，她拄着一根拐杖，打扮得优雅富贵。她那细细的眼睛看起来好像笑眯眯的。她也就是辛追夫人了，也就是马王堆出土的千年不朽的女尸。

这是一派生活场景，何为人间？烟火气！

我们可以看到一间厨房，厨房里有人在制作饭菜。

这个厨房里的设备也齐全，有锅，有鼎，有各种各样的器皿。

我们再往下看，人世的"底座"出现了。大地是什么？汉朝人认为大地是由巨大的力士、神龟、大鲸鱼共同努力托着的一个平台。平台就象征着大地。可是为什么T形非衣帛画最下面的是鲸鲵？因为大地底下就是水。看这段画面的时候，不知道大家有没有一种深海恐惧症或者巨物恐惧症的感觉？

大家注意，辛追夫人在上升，上面的圆形玉璧就象征天，天是圆的。平台是我们的大地。大地是方的，很可能就象征着天圆地方。

西汉时期，中国人独有的世界观、时空观成熟起来，马王堆汉墓的T形非衣帛画是来自墓葬的作品，是公元前2世纪的中期的作品，那个时候正好是西方的希腊化时代，雕塑很多，几乎很少出现这种在单一材质上的绘画。这种在纺织物上作画更是中国独有的，这种传统一直延续到后世。延续的不只是绘画风格，还有中国人的生死观，视死为生，天，人，幽冥都在同一个时空中。理解了这幅作品，再看到后来的"天人合一"观念就不足为奇了。

东汉：马踏飞燕

东汉，一个存在感不怎么高的时代。为什么这么说呢？怎么说它也是历经了八世十四帝，一百九十五年的王朝。然而提到东汉，很多人也许只能记起它的一头一尾，认为只有光武帝和三国时期才有难得的高光时刻。

主要原因还是东汉这个孩子"偏科"太严重。

我们的传统史书多记载一些帝王将相、战争、政变等。然而东汉在几个方面都表现一般。尤其是东汉中后期似乎陷入了一个死循环：老皇帝一死，小皇帝上台。这个"小"可不是一般的小。我们来数数。东汉的 14 个天子里，有 10 个未活过 40 岁。他们去世的时候不是孩子年纪尚小，就是还没孩子。其中最小的汉殇帝，才百天就上台

马踏飞燕

甘肃省博物馆馆藏 图片由北京壹图摩德网络科技有限公司提供

当皇帝。这些小皇帝们没有任何的执政能力可言，只能哭喊着投入妈妈的怀抱，这就是太后临朝了。但是我们都知道，在中国传统社会中，女人是不能够抛头露面的，只好请孩子的舅舅，这就是外戚掌权。但是小皇帝终会长大，他们长大以后，势必不能容忍大权旁落。夺权要依靠谁呢？也只有身边的太监了。皇帝拉拢宦官对抗外戚，最终夺回权力，可他们又活不长……悲剧循环又开始了。

但是假如你留意一下我们的教科书，就不难发现，与政治上的死循环不同的是，东汉在文化、科技、宗教等方面走的却是一条条活路。白马寺、蔡侯纸、浑天仪还有那满脸堆笑的说唱俑……假如生活在东汉，你也许会发现庙堂里的黑暗阴森并不是历史的全部。

东汉的故事我们不看洛阳，而是要从一座边陲小城讲起，那就是凉州。

凉州，也就是今天的甘肃省武威市一带，是汉武帝时期设立的"河西四郡"之一，也是最东边的一个郡。

这座城市你可能比较陌生，但是它的城市标志，你一定熟悉。它就是铜奔马，我小时候管它叫"马踏飞燕"。这匹马出土于甘肃武威，收藏在兰州的甘肃省博物馆，但它的形象在全国都可以看到。因为1983年，它就被国家确定为中国旅游标志，在我国各地的旅游区里，无论是交通工具上还是宣传品上都能见到它的身影。我的家乡太原就有一个很大的仿造雕塑，矗立在城市最繁华的主干道路口。

武威是出天马的地方，大汉王朝的马场就在这里。

凉州在兰州西面，而在兰州与武威之间，有一座山是我国的一条重要的分界线，山东边的河流汇入大海，叫外流区；山西边的河流汇入内流湖，叫内流区。这就是河西走廊的东端起点——乌鞘岭。

河西四郡，包括武威在内，都在乌鞘岭以西的内流区域，正是这内流区的水滋养了这几座名城。河西走廊南边靠着的雪山就是有名的祁连山。这里降水量极少，好在有这座平均海拔 4000 米以上，常年积雪的祁连山。雪山上的融水滋养出了山脚下一方方水草丰美的绿洲，将此处变成了天然的马场。匈奴人、汉武帝都在这里牧马，套马的汉子都威武雄壮。

西汉时，冠军侯霍去病一举拿下了河西走廊，匈奴人只能留下千古哀叹，"失我祁连山，使我六畜不蕃息；失我焉支山，使我妇女无颜色"。河西四郡不但是从汉地中原通往西域的重要中继站，也成了中原吸收西域文化，甚至更远方优秀文明的桥头堡。

大家都记得东汉末年一直到西晋，中原大大小小的纷乱不止，很多士大夫都衣冠南渡。但是除了南边，还有一大支流散至远离中原，但同样安定、富饶的河西走廊地区。最近，我一直在看一部电视剧《山海情》，很受触动。我已经很多年不追剧了，这次一边追一边哭。该剧讲述的就是 20 世纪 90 年代，从宁夏贫瘠甲天下的西海固地区搬迁到玉泉营地区的移民们，从无到有地建设着他们的新家园。宁夏、甘肃地区确实在很长一段时期经济相对落后。但在古代，河西走廊可是富得很，难怪司马光在《资治通鉴》里提到，早在唐朝时人们都说"富庶者无过陇右"。直到现在，当地人的口中还流传着"金张掖""银武威"的说法。

武威古称凉州，五胡十六国时，有"五凉"之称的五个小政权，前凉、后凉、南凉、北凉、西凉中，最强盛的三个都定都在武威。别看这些小政权都是胡人建立，但是他们都采用儒家治国。在中原没落的儒家伦理，反倒在这里发扬光大。这都仰赖两汉时期中原文化对这一地区的影响。

武威出土的这匹铜马，史学界大多把它算作东汉的文物。但也有一种声音认为这匹马可能是西晋时期的文物。考古学家孙机先生辨认出墓中的古钱币是西晋的，因此推断这座古墓葬很有可能是西晋墓葬。我们先不论汉晋，来看看这匹天马吧。

网上有个段子，说这匹马不能看正面，因为它的姿势从正面看起来很别扭。这种别扭来自它跑起来的姿势：右边两条腿一起向前迈，我们今天叫"顺拐"。事实上，这种姿势叫"对侧步"，对于马儿来说是一种闲庭信步的走姿，而非跑姿。这是不是马的天然姿势，是需要特殊训练的。相传唐太宗的昭陵六骏中的"特勤骠"就会这种走姿。也就是说这匹马并非在飞奔的时候腾空踩到了飞鸟，而是随便走走，就轻而易举地把小鸟踏住了。这不是天马是什么？

事实上，这匹马不但是天马而且是头马。在这匹马出土时，跟在它身后的是一支恢宏的军队。这是一支仪仗队，铜车马达到了 99 件。领头的就是这件"马踏飞燕"。

其实叫它"马踏飞燕"也不太合适。既然是天马，那踏的必定不是凡鸟。

很多历史学家和文物学家认为天马脚下的不是燕子，而是比燕子厉害百倍的猛禽：游隼。这是一种飞行速度可达每小时 300 公里的空中急先锋。天马踏也要踏最快的鸟。还有一种我更愿意接受的说法是，这是连游隼也不能与之媲美的神鸟：龙雀。《二京赋》有云："龙雀蟠蜿（pán wān），天马半汉。"这句话出自东汉大发明家张衡的笔下，很有可能是这件铜奔马的造型灵感来源。这种说法还有一个有力的逻辑支持，那就是这是墓葬陪葬品。不要忘了我们上篇文章中提到的汉代人对死后世界的想象。这匹马其实是在升天，带领着墓主人和他的仪仗队在走向天国，所以它才会那么闲庭信步，才会蹄踏神鸟。这只神鸟很有可能就像牛郎织女的鹊桥一样，是主动飞来的。

后来，还是在凉州，出现了一位在文化、宗教上如天马般的人物：鸠摩罗什。胡人高僧鸠摩罗什在凉州待了 17 年，学会了我们的语言，后来翻译佛经 74 部、584 卷。可以说这匹天马也让中华文化得到了一定的提升。佛教在中国的传播就是在这里先经过了改造，再融合进我们的文化血液。更不要说那一首首慷慨激昂的《凉州词》了。唐代阔达、恢张的气度很大程度上来自武威这匹天马的引领。

河西走廊的天马在东汉到西晋已经起飞，它会和江南的杏花春雨一起引领着中华文明走向新的高度。

三国：漆木屐

三国是个很幽默的时代。孙权爱开玩笑，刘备也爱讲俏皮话。

三国是个很残忍的时代。人口急剧减少，城市里也会有老虎。

矛盾吗？也许不。越是悲苦战乱的岁月，人们越是追求一笑，以此来排遣自己内心的苦闷吧。

《笑林》中有这么一则关于南北方差异的笑话。一个北方汉子来到了吴地，吴人用当地特产竹笋招待来客。北人没吃过竹笋，也没见过，就问："这是什么？"吴人脱口而出"竹子"。北方人惊叹，没想到南方遍地的竹子竟然这么好吃，回去以后也想再尝美味。但是北方没有竹子。北人突然想起自己家里有竹子做的席子，于是放到锅里去煮，可是怎么煮也煮不烂，根本没法吃。北方人大骂南方人狡猾，骗了自己。

后来，吴人到了北方。北方人拿出酸奶待客。吴国人吓坏了，根本不知道这黏糊糊的食物是什么，以为对方要毒死自己。但他惊讶地发现对方为了让他吃，自己也吃了好多，没法子只得硬着头皮吃了。回来以后，他跟自己的儿子说："我吃了毒药了，他们真狠，竟然自己也吃，我就要死了，你可一定要小心这帮人啊！"

这笑话一看就是编出来的，讲的是南北方饮食文化差异以及对彼此的刻板印象。南方狡猾奸诈，北方人狠话不多。想来今天的人们玩"梗"的水平，也没有超出老祖宗多少呀。

一部《三国演义》让三国这个"小时代"在整个东亚都魅力无限。但正是因为它太有名了，使得大家对于这一时期的印象变得单一。很多人读三国带入的都是帝王、军阀、猛将、统帅、军师甚至是女间谍，但是历史比这些大人物的权力游戏要复杂得多且有趣得多。

1984 年，长江中下游有一个叫马鞍山的地方出土了一座"名人"的墓葬。墓主人就是朱然。朱然之所以为老百姓熟知，是因为在《三国演义》中他与关老爷的死有关。这种有损主角光环的人肯定是没有好下场的，后来他被赵云一枪刺死了！这明显是为了塑造关羽与赵云光辉形象的"工具人"啊。但事实是，这位朱然将军并不是那么不起眼，也不曾被赵云刺死。他倍受重用，一路加官晋爵，是当时威震曹魏的当阳侯，并且在吕蒙死后接替吕蒙镇守江陵。

就像朱然在《三国演义》中被边缘化一样，东吴相对于大书特书的刘、关、张三兄弟，诸葛亮，司马懿来说，也是很边缘化的。但是要想更好地认识三国，研究东吴是十分必要的。

相对于你方唱罢我登场的中原地区，江东的环境显然更加温和，有利于文明的保存与发展。在自己孙氏一族的难得的团结气氛下，孙策把今天的江苏省南部、浙江省、福建省以及江西省的大部分地区稳定了下来。也许是因为孙家在这个地方不是什么豪门望族，所以东吴的政治环境也相对松散，各类人才都有机会在此发挥所长。想一想意大利为什么会发生文艺复兴？不就跟意大利当时松散的政治环境有关吗？当然，东吴不是意大利。东汉末年军阀林立，但孙氏政权没有天然的合法性，他们必须扮演文明守护者的角色，如此才能博得天命解释者——儒家士人集团的青睐。

朱然墓的发现让我们有机会一窥三国时期的物质精神文化高峰。在这里，我想要和大家好好聊一聊漆器。在大众的眼中，漆器的地位也许远比不上瓷器、玉器，但实际上漆器是非常高级的。这种高级跟东吴的气质很像。

朱然墓中出土过一件美丽的漆器大盘，即著名的季札挂剑图漆绘盘。这只大盘口径 24.8 厘米，如今被收藏在安徽省文物考古研究所。季札是春秋时期吴国的著名贤人。朱然墓中的漆木盘将季札的故事生动地表现了出来。在此，请允许我介绍一下这个故事：吴国公卿季札在访问晋国的路上中途拜访了徐国国君。徐国国君一眼就看中了

彩绘季札挂剑图漆绘盘

马鞍山市三国朱然家族墓地博物馆馆藏　图片由核桃蛋 Kingly 提供　拍摄于 2020 年

季札的宝剑。徐国国君没有明言，可季札也没有揣着明白装糊涂。他心想：老兄，你是懂行的，是我这把剑的知音。就冲这个，我就应该把它送给你。但是我身负重任，要出使晋国。如果不佩剑，会显得不礼貌。等我回来，我一定把它送给你。谁知造物弄人，季札还在晋国的时候就得知徐国国君过世了。季札没有忘记自己内心的许诺，还是将这把剑送给了继任的徐国国君。有人说，你也没说过要送呀，这么贵重的东西，为什么一定要送？季札说，我当时已在心里许下承诺。如果不兑现，那欺骗的不是别人，而是我自己啊。徐国的继任国君也是君子，声称没有先君遗命，不敢接受。于是季札去了知音的墓前，把宝剑挂在了老国君坟墓边的树上。他身后还留下了徐人的一首赞美歌："延陵季子兮不忘故，脱千金之剑兮带丘墓。"

季札就是吴人心中的文化符号，象征着一种雍容的、高雅的从容贵族精神，这在三国时期是很罕见的。通过朱然墓中的这件陪葬品，我们还可以看到吴人的精神向往。更有趣的是，在这件漆盘的背面有"蜀郡造作牢"的字样，说明这些漆器至少有一部分是在蜀国制作的。

在历史上，蜀国其实一直都是漆器制造的主要地区，但吴国无疑是漆器消费大国。这些漆器很有可能是跨过长江水路，从蜀国来到吴国的。

到达吴国的漆器还没停下它的脚步。它不仅仅要跨过山河，还要跨过大海。

吴国可以跨海去到韩国吗？1997年，几位教授做了一个浪漫而刺激的试验。他们搭建了一只长十米、宽五米的竹筏。竹筏6月1日从浙江舟山出发，竟然在7月8日到达了韩国的仁川港。

《三国志·魏书·东夷传》中明确记载了卑弥呼使节来访的情形，卑弥呼被封为"亲魏倭王"。史书上的外交记载多是关于魏的记载，但我们可以从朱然墓中的另一件漆器中看到东吴与日本的交流。这就是：三国孙吴漆木屐。这是一件拥有极简风审美的鞋子。木屐中除了绑绳子的大孔外还有一些小孔。我们认为这可能是一位女子的木屐，木屐上还有很多装饰。日本的和服在江户时代前也被

三国孙吴漆木屐

马鞍山市三国朱然家族墓地博物馆馆藏 图片由豆角提供 拍摄于2020年

叫作"吴服"，这跟当时日本和东吴的贸易有关系。

　　我们知道，日本大范围接受中国文化是在唐以后，和服和日本木屐可能是在唐朝后期才定型的。但是这种文化的基因其实很大程度上来源于这三国时期的东南一隅。正因为如此，日本史学界、历史研究者们对于朱然墓兴趣甚厚，仿佛在这里找到了自己的文化源头之一。

　　穿什么衣服就该配什么鞋，我们很难想象正装礼服配球鞋，也无法想象沙滩裤配高跟鞋。汉服和木屐才是最配的。新石器时代就出现了木屐，直到清朝，木屐都是汉人的日常通勤鞋履。尤其是女子，在出嫁的时候都要穿彩色带子的美丽木屐。上至贵族，下到平民，高跟的，中跟的，平底的木屐应有尽有。漆木屐属于木屐当中的奢侈品，能穿得起奢侈品鞋的人一定有名片。现代日语中还保留着朱然墓里三国名片的说法——刺。

　　出生于 20 世纪 80 年代的我，小时候被日本光荣公司的游戏"安利"了我们自己的三国文化，开始读《三国志》。如今再看看这一段文化传奇故事，真是感触良多。

10

西晋：青釉神兽尊

我第一次见到这件文物的时候年纪还小。说实话，我当时并不觉得它美。不论老师们怎么说，我都体会不到它"古朴""高古"的青绿颜色好看在哪里，只觉得它的釉色不均匀，甚至根本不是绿色。

最让我不能接受的是它的造型。这也太让人不舒服了吧，简直给我幼小的心灵造成了一定的阴影。一只不知道叫什么的动物，细胳膊细腿、大獠牙大嘴、眼睛突出得快要掉下来。我反正是不会把这个瓶子摆在家里，否则起夜时不得吓一跳吗？

后来长大了我才知道，他们是故意的……

这件文物是专门用来镇墓的明器，根本不会有人把它

西晋青釉神兽尊

南京博物院馆藏　图片由北京壹图厚德网络科技有限公司提供

放在家里，自然也不会有人日常使用。难怪！

让我们再来认识一下吧，这件来自南京博物院的国宝级文物叫作"西晋青釉神兽尊"。

墓主人来自一个赫赫有名的周姓家族，其中有一位家庭成员就是我们中学语文课本里改过自新的周处。

这件青釉尊身上的动物也有来头，有人说它是吞云吐雾的狻猊，有人说是凶恶贪吃的饕餮，还有人说它是吃人先吃头的穷奇。不论到底是哪种凶兽，这真是一个邪恶之瓶啊！

一只怪兽正从封印它的瓶子里慢慢地长出来了！

这只生出可怕怪兽的瓶子，其实与它所处的时代，西晋十分相配。正是在这个时代，很多被封印已久的"恶魔"被放了出来。

为什么这么说？这里所说的"恶魔"又是什么呢？故事还要从西晋的开国君主晋武帝司马炎说起。

西晋的开国者也跟这只瓶子的主人一样，来自一个显赫一时的家族。司马家是从汉代起就位列朝堂的大家族。这个家族出过征西将军、地区的行政一把手，最出名的还是三国时期魏国的司马懿。到了司马懿这一代，家族兴旺，兄弟八人个个贤达，因为他们的名字中都有一个"达"字，当时人称"司马八达"。

在家族领袖司马仲达的率领下，这个来自河内郡（河南洛阳开封一带）的望族集体加入了曹魏阵营。

这个阵营的老大曹操，来自一个几乎可以说是白手起家的家庭，也就是当时所谓的"寒族"。

出身不好，就要拼才华了。不提曹操自身的文韬武略，他在用人方面始终坚持唯才是举，甚至可以这么说，他一生的敌人就是这些看不起他的"望族"。

　　但是那时候的中国还没有条件让这位枭雄随心所欲地使用人才。即便曹操再不喜欢高高在上的望族，也无法拒绝诸如"颍川荀氏""弘农杨氏"以及"河内司马氏"这些大家族的效忠。因为自东汉以来，社会资源全都掌握在这些世家大族手中，不仅仅是帝国最重要的经济支柱——田地，还有教育资源、人才上升通道，等等。曹操要想一统天下，是离不开这些大家族的。而且谁又能说得清楚，这位杀伐决断、挟天子令诸侯的军阀对这些世家望族的感情到底是憎恨还是隐隐地嫉妒呢？

　　司马氏这样的大族虽一时不能登上巅峰，但大势所趋——这毕竟是一个属于他们的时代。这不，机会很快就来了。曹操死后，他的儿子们一刻都不曾停止争夺。为了打击在夺嫡之路上有过竞争的兄弟宗室，曹丕、曹睿一直对曹氏家族的人严防死守。这也许就是皇家的诅咒吧？他们不可能拥有像司马懿、司马朗那样的兄弟相助的家族传统。经过司马懿、司马昭、司马炎三代人的努力和隐忍，终于在曹氏皇族逐渐内耗衰弱之后夺得了江山。在司马炎时代，司马家完成了连曹操都没有完成的夙愿——统一中国。

　　小说家说这是诡计阴谋，著史者说这是天道轮回。我倒更愿意相信这是历经了太久战乱磨难的天下百姓，太希望有人能把战争的魔鬼封印入瓶了。

司马家的西晋就是顺应了这样的期盼。晋武帝司马炎把这封印贴得更牢，他恢复了从汉代就开始提倡的孝道、节俭等美德。在连年战乱中，这些价值标准早已被大家遗忘。他招抚那些无家可归的流民，兴修水利、劝课农桑。在太康之治的安康生活中，大家都觉得战争的魔兽应该是被封印住了。

但是这只怪兽不会就此罢休。他就像托尔金小说《魔戒》里的至尊魔戒一样，时时刻刻都在诱惑着充满欲望的人。

侍奉曹魏多年，从曹魏母体中孕育的司马氏，又同样学着曹魏模样，逼前朝"禅让"。司马氏三代经营，终登大宝。可能是忍得太久了，也可能是被曹魏后人兄弟自相残杀的教训吓怕了。司马炎大封司马家的宗室，并且委以实权，把军权与地方大权统统交给了自己人。

宗室坐大，列王纷争。这只被封印已久的妖魔，就要开始蠢蠢欲动了。此事并非没有先例。西汉景帝、武帝时期就曾出现过类似情况。刘邦大封宗室，想要"封建亲戚、以藩屏汉"。谁曾想刘邦死后，"时有叛国而无叛郡"，很快爆发了七国之乱。为了封印这只可怕的魔兽，景皇帝用武，武皇帝用文，大军平叛，并施以推恩之策，费了九牛二虎之力才得以成功。

河内司马氏是高门望族，司马炎难道能不知道这些？

为何还要选择与魔鬼共舞？

正如我们之前说到的，汉末分裂战乱是魔鬼，汉初宗室战乱也是妖魔。面对这两只来自汉代的魔兽，司马炎只能用其中一个镇住另一个。

一个由大贵族、大家族们联合统治的政权，他们的领袖当然要做出表率。汉末就是因为太没有规矩了才出了那么多军阀武人，靠着拳头搅动风云。只有把失落已久的规矩找回来，才能真正地避免战乱回潮，使难得的统一得以持久。要想做到这一点，就要恢复儒家的忠孝理念。作为当时"天下第一家"的司马皇家也理当做出这样的表率，他们要给天下人做出一个表率，靠家族稳定天下。

其实看到这里，大家已经能看出其中的逻辑问题了。司马家族看上去像是在恢复汉末以来的秩序，实际上却把天下变成了大家族的私有物。

司马炎死后，司马衷当上了皇帝。据说司马炎也不是很满意他这个傻儿子。但是做戏要做全套嘛。天下第一家的传位当然要符合规矩，要传给嫡长子。后面的故事大家就非常熟悉了：司马衷的皇后贾南风引发了一连串的政变，先前获得了军队和封地的宗室列王们陆陆续续加入了权力之争，相互厮杀。这就是历史课本里的"八王之乱"了。

比从瓶子里放出一只魔鬼更可怕的是再次打开瓶子。

杀红了眼的列王们为了取胜，竟选择联合匈奴人。

要知道，这更是一个从汉代开始就努力封印的心头大患。

从西汉到曹魏时期，为了封印住这最大隐患，帝王们举全国之力，几度远征，到把各个游牧部落分隔开，甚至在曹魏时期软禁了他们的首领。这下可好，西晋司马氏族的宗室们自己不是省油的灯，还给这些可怕的敌人"解除封印"。中原大地在统一不足五十年后再次陷入动荡。百姓们即将迎来数百年与魔鬼共舞的战乱生活……

再看看这个狰狞面目的瓶子吧。在它出土的墓葬中，考古学者发现了一块带有"元康七年九月……"字样的墓砖。元康元年就是八王之乱爆发的时候。瓶子里的怪兽爬出来 19 年后，西晋就灭亡了。

西晋时期的文物很少，瓷器易碎更难存世。但是西晋的瓷器文物有一个共同的特点，那就是多用动物造型。除了怪兽，日用器具上用的多是鸡头、羊头、虎头等。

要想在日用器具上雕刻面部特征清晰的动物，生产难度先不提，如果摔破了半张脸，或者磕掉了一只眼睛，那这件器具岂不是不完整了？别说是可怕的动物，哪怕器具上是一只萌态可掬的动物，也会让人心里不舒服吧。

但是想想那个祸乱不断、民不聊生的时代吧。在那时，佛教、道教这样的成熟宗教异常兴盛。人们对这些动物演化来的神兽崇拜，祈求庇佑也就不难理解了。

11

十六国：十六国鸭形玻璃注

如果问中国历史上最混乱的时代是什么时代？很多人都会说，是十六国到南北朝这段时间。

西晋晚期，匈奴人刘渊在左国城（今天山西方山县境内的南村）建立前赵政权，自此纷乱不止，一直到三百年后，才由一个自称来自古老家族弘农杨氏的鲜卑化汉人普六茹坚（杨坚）结束这一切。

十六国政权中，至少先后有十四个政权都是非汉族政权。有匈奴、鲜卑、羯族、氐族、羌族五大少数民族，所以在很多历史典籍中，十六国时期也被称为"五胡十六国时期"。

虽说是"十六国时期"，但是中国北方当时出现的政权其实不止 16 个。很多中学生在学习这段历史时，光是要背诵这些政权和建立者的名字就头疼不已。这的确可以算得上是大混乱、大分裂的时代了！可你要是觉得"大混乱""大分裂"就是这个时代的主题，那一定是忽略了这个时代的关键——大融合。最好的证据就是之前提到的匈奴、鲜卑、羯族、氐族、羌族五族，除了羌族外，剩下的四个民族到今天都不复存在了。他们去哪了？就在你我的身上。这些民族融入了中华民族的大家庭，并且还带来了来自更遥远地方的新鲜空气。

　　有这样的一件收藏于辽宁省博物馆的国宝，就是民族融合，甚至是中西文化融合的最好物证。它就是来自北燕贵族墓葬的十六国鸭形玻璃注。这件器物长颈、鼓腹，一头细长如长尾，另一头扁长如鸭嘴。这只"鸭子"微张着

十六国鸭形玻璃注

辽宁省博物馆馆藏　图片由北海北提供　拍摄于 2021 年

嘴，"鸭子"的颈部有一圈锯齿一样的装饰纹样，如同是脖子上的花羽毛。这只玻璃鸭子的后背上还有用玻璃液引长的细条粘出的一对三角形翅膀。就连肚子下面也有装饰——两边波状的折线不就是小鸭子的腿吗。这件玻璃器造型考究，细节丰富，跟中国传统造型风格比起来，有很多生动、别致的地方。

我国并非没有本土的玻璃工艺，但是由于瓷器的光辉太过耀眼，玻璃器皿一直不是我们的长项。早在公元前 1 世纪，罗马帝国就出现了玻璃吹制工艺。这项技艺历经波折，大约在公元 5 世纪由阿拉伯商人辗转传入汉地。即便如此，尚处在学习阶段的中国，完全无法生产这样高水平的玻璃器皿。因此有很多历史学家相信，这可能是一件进口的奢侈品。

那么这件玻璃器到底是用来干吗的？这只小玻璃瓶子的重心很奇特，重心靠前，一旦注多了水，由于重力的原因，自然前倾，使得水可以自然溢出，无法注满，空腹的时候，鸭头可以抬起。只有当水达到一个特定位置，整个瓶身才能平衡。如此"反人类"的设计，谁会用它来装水呢？

这不免会让人想到一个典故。据《荀子·宥坐》记载，孔夫子观鲁桓公之庙，就曾发现类似装置。子曰："吾闻宥坐之器者，虚则欹，中则正，满则覆。"孔子身边常有此物，用来警示自己不要自满，要保持虚怀若谷的心态。在上古文献中管这种器具叫欹（qī）器。可以把它看作一个实物版本的"座右铭"，用来提示人们"满招损，谦受益"的道理，就连清朝紫禁城里都有这样的摆设。

妙！这件鸭形玻璃注很大概率是"进口货"，却和汉家传统文化有结合。它不仅体现了墓主人的创意，还反映出那个时代的风骨。

我们来说说墓主人吧。墓主人是一对北燕贵族夫妻。北燕是今辽宁地区的鲜卑政权。彼时，鲜卑很多地方已经使用汉族葬俗，但这座墓的女主人与爱犬合葬，可以看出依然保留着民族特性。北燕后灭国归于拓跋北魏。

说起以"燕"为国号的政权，在北魏一统北方之前，可以算是你方唱罢我登场，除了北燕还有前燕、后燕、南燕、西燕诸政权，从 337 年建国，到 436 年灭国，前后跨越 100 年。

这座墓葬男主人叫冯素弗，是北燕开国皇帝冯跋的弟弟，高级贵族。冯素弗当了七年宰相后病故。在他下葬前，我们就可以看到当时的皇帝按照汉文化传统礼仪来临丧，这是规矩。但是他的葬礼也有草原的风格：北燕皇帝七次临之，哭之哀恸。这在汉家王朝历史上是非常罕见的。传统礼制讲究"大臣死，君王三临其丧"。北燕皇帝可以七次临冯素弗丧葬，放声痛哭。这无疑就是破例，不但体现出冯素弗生前之威望隆盛，更说明当时人们开始学习汉族文化但并不拘泥形式。

其实，冯素弗墓整体都是国家重点保护单位，不但有我们今天提到的这只小鸭子，有龟钮金印章（这是明显的中原魏晋制度的延续），有鲜卑特色的金步摇冠饰，有最早的"中国靴子"——实物马镫（马镫传入欧洲之后才有了骑士阶层的崛起），还有明清"流行单品"兽骨嵌出人物、山水漆盒的前身——嵌骨长方盒。

这活脱是一个民族融合、中西交流大熔炉啊！

十六国时期，中原虽然战乱不止，但是有一条草原丝绸之路却异常繁荣。东西文化随着商队和使者的往来不间断地碰撞着。我国的河套地区，河西走廊地带，一直向东通向大海，被我们称为"草原大道"。中国作为中间地区，把整个东北亚各政权与中亚及西欧连接了起来。北燕政权的地理位置其实已经在亚欧大陆的边缘，与罗马帝国相隔千山万水，即便如此，罗马的玻璃器依然来到这里，北燕的马镫也去到了罗马，这就是最好的交融体现。

各个少数民族政权逐渐汉化，这也是出于政治宣传的需要。十六国当中的前赵就是先叫了"汉"，后面才改叫"赵"，所以它被称为"汉赵"，也被称为"前赵"。前赵建立者刘渊是个如假包换的匈奴贵族，因为当时汉朝的政治号召力大于他们匈奴的呼韩邪大单于，刘渊就以汉朝"外甥"的身份自立为汉王。刘渊的侄子刘曜虽然改国名为"赵",但他沿用"五德终始"这个汉朝的正统谱系,来伸张自己的合法性。可以这么说吧,这相当于把匈奴政权彻底投靠入中国千百年来的政权正统逻辑,把自己视为自夏、商、周三代就开始的正统。

十六国中曾经最强大,最接近稳定整个北方的前秦,建立者是氐族人,但也称自己是大禹封臣"有扈氏"的后人。建立数个"燕国"的鲜卑慕容氏,本来是踩马镫的渔猎民族,也把自己的祖宗说成是黄帝部落有熊氏——这恐怕是最根正苗红的华夏正统了吧。为了让自己成为黄帝后裔,他们翻遍史书,说黄帝有二十五个儿子,其中有个小儿子叫昌意,被分封到北方,而鲜卑人就是昌意的后代。

当然,融合也不是一帆风顺的。比如曾经被汉人卖为奴隶的后赵的开国皇帝石勒是羯族,他就明确立法,搞羯族"特殊主义",石虎还发动过针对汉人的民族大屠杀。

这种简单粗暴的"石虎模式"显然是不高明的。前秦的皇帝苻坚就把自己的族人氐人提升到和汉人同样的地位,搞古代版的"脱亚入欧",不过这里也许应该叫作"脱氐入汉"。

但是融合的过程也并不是少数民族单方面"汉化",而是双向学习。在此,我想引用陈寅恪大师的一句话作为总结:"李唐一族之所以崛兴,盖取塞外野蛮精悍之血,

注入中原文化颓废之躯，旧染既除，新机重启，扩大恢
张，遂能别创空前之世局。"

　　这里的"塞外野蛮精悍之血"，其实就是外来的优秀
文化。从十六国到北魏，少数民族政权开始和汉地互相影
响，虽有战乱，但文化涅槃，隋唐盛世在这样的铺垫之
下，就要喷薄而出。

12

北朝：北朝壁画

身为山西人，我对北朝，尤其是在山西发现的一系列北朝大墓是有情感的。

我真的很幸运，读研究生的时候，我的导师张庆捷先生第一次带我去参观的考古现场就是一座正在发掘中的北朝壁画墓。当时的我还不知道，我马上就要看到一个何其华美的世界。这就是忻州九原岗北朝壁画墓。自此，北朝壁画让我感到无比亲切，娄睿墓壁画、徐显秀墓壁画包括刚刚提到的忻州九原岗北朝壁画墓，都让我如痴如醉。

张庆捷先生在汉唐考古和北朝考古方面的研究深刻影响了我的历史观，尤其是让我对北朝这一时期有了深刻的认识。更重要的是，他让我对曾经天天挂在嘴边的一个词有了更深刻的认识，那就是民族融合。

民族融合的前线和初见成效的地方就是山西。

在今天山西省省会太原市市中心附近有一座当时的国际大都市，晋阳。

北魏都城初期在平城，从东魏到北齐，大丞相府都设在晋阳。晋阳是整个王朝贵族的"老根据地"，太尉级别的军事最高长官都住在晋阳。为了巩固统治基础，晋阳城的百姓的赋税低于全国普遍水平，甚至比都城邺城的赋税都低。

官至丞相的北齐东安王楼睿，官至太尉的武安王徐显秀，北齐开国元勋顺阳王厍狄·回洛都在晋阳工作、生活，甚至埋葬于此。唱着"天苍苍野茫茫，风吹草低见牛羊"的斛律金，嫁给高欢父子的蠕蠕公主都住在晋阳而不是都城。北周能够快速拿下北齐，一统北方也是因为他们非常侥幸地率先拿下了晋阳。所以就不难理解唐为什么发端于晋阳了。

由于太原在北朝后期的显赫位置，很多高规格的北朝大墓都发掘于此。太原市迎泽区郝庄乡王家峰村的北齐太尉武安王徐显秀墓是其中的代表。张庆捷先生有一篇文章叫《北齐徐显秀墓壁画中的女性形象》。不同于其他研究壁画的文章，张先生从女性发式、衣着等方面入手，像侦探一样列出证据，以严密的推理，把丝绸之路上的文化融合现象展现在人们眼前。

　　徐颖，字显秀，享年七十，公元 571 年葬于太原，生前封武安王，先拜司空公，再迁太尉，可以算是北齐的军事首脑。他的墓葬壁画以男性人物为主，女性很少。但就是这寥寥的几位女性让研究者看到了很多从男性人物身上

九原岗北朝壁画

山西博物馆馆藏　图片由北京春图厚德网络科技有限公司提供

无法得到的珍贵历史信息。

　　我原来一直不知道学者们是怎么分辨出壁画里女扮男
装的"花木兰"的（徐显秀墓壁画里就有这么几位），其
实可以从以下特征来判断：女性就算穿了男装，但是大多
面目清秀，无胡须，线条圆滑。为了让观看者更好地分

徐显秀墓壁画

辨，画师还会在女性角色身边画几位装束相同但脸部线条有棱角、有皱纹、有胡须的纯爷们儿，让大家一眼就分辨出来。

大家也许都知道，大唐风气开放，女子经常穿胡服。看来这个风俗是来自北朝。对此，我有一个大胆的假设：这可能不是女子男性化，而是不论男女都胡化。当时的人们为何要在墓葬壁画中体现女子着男装的风尚？这其实是在标榜墓主人生前的"洋气"。

在于阗、在天竺，都有女子着男装与丈夫一起骑马出游的记载。而且北朝后女子着男装都是着男胡装，这也说明这种风俗应该与西部妇女相关。

能体现这种文化融合的除了衣服就是头发了。在墓葬东边的壁画上有辆牛车，牛车附近有八位女性，这八位女士中有两位跟大家的发型明显不同，是卷发。

自来卷？不像。因为她们俩长相上跟其他女性差不多，都是鹅蛋脸，眉清目秀的程式化仕女画法，所以我们可以推测，她俩可能是"烫头"了。张庆捷先生指出，这种卷发并非传统发式，应该是源于丝绸之路西段某国，通过丝绸之路东传北朝的外来发式。在同属北朝的宁夏回族自治区原州区西郊乡深沟村南，北周李贤墓出土的一个来自中亚大夏的银瓶上，我们同样看到了这种卷发。这是一种由中亚传入，深受北齐女性欢迎的发式，徐显秀墓里的二位应该就是赶时髦的"潮人"。

　　徐显秀墓中体现文化交流的文物其实很多。如果不是被盗掘过，藏品可能更丰富。考古工作者清理被盗墓者破坏严重的棺木碎块时，竟然意外地发现了一枚"劫后余生"的戒指。这是一枚蓝宝石戒指，从做工到纹饰均带有浓郁的粟特风格（别急，粟特是我们后面隋朝部分的主角，到时候我们再展开）。戒指的戒托和戒指环由黄金打造，戒指环造型是两只猛兽，有着血盆大口，双目圆睁，颈部似有鳞片或者狮子颈部的长毛。戒指上的蓝宝石是碧玺，椭圆形的宝石面上刻着一个戴着狮子头的英武战士，双手持有武器，肩膀宽腰身细，两腿一前一后，处处体现着非中原

徐显秀墓嵌蓝宝石金戒指

山西博物院馆藏　图片由张庆捷提供　2000 年拍摄

传统的审美，这显然来自西方。有历史学者提出，这个戴着狮头的英雄很有可能是来自古代希腊、罗马神话传说中的人物：大力神赫拉克利斯。这位西方的神出现在太原并非不可能。忻州当时是中亚商人们的聚集地，还有专门负责管理入华胡商的萨保府（在隋朝部分我会详细介绍）。徐显秀是当时的太尉，一品大员，执掌军机，是朝廷里炙手可热的人物，中亚富商们送礼巴结也是有的。

北朝历经北魏，分裂成东魏、西魏，再到北齐、北周，最后归于北周外戚杨坚建立隋朝为止，一共经历五朝。北方战乱结束后，不仅仅融合了胡汉，还沟通了中外文化，为隋唐盛世的出现埋下了伏笔。

对交融的理解，是我们真正理解中国历史，理解我们是谁的一个大前提。正如陈寅恪先生所说："取塞外野蛮精悍之血，注入中原文化颓废之躯，旧染既除，新机重启，扩大恢张，遂能别创空前之世局。"

13

南朝：竹林七贤与荣启期画像砖

要想遇见南朝，得去南京。如果选一件文物来谈南朝，我想到南京博物院有件镇馆之宝：竹林七贤与荣启期画像砖。因为在这里，我们仿佛可以看到时代大变迁洪流下的一丝丝灰烬。

南朝其实是一个很复杂的历史时期，但是出于习惯，再加上古人历史观念的影响，我们现在依然习惯把东吴、东晋、刘宋、萧齐、萧梁、南陈称为"六朝"。南京今天还有一座六朝博物馆。从公元 420 年东晋权臣刘裕逼迫晋恭帝司马德文禅位，南朝开始，到公元 589 年隋朝灭亡南陈，南朝结束。一共二十四帝，计一百六十九年。

不管是中国古典文学常常提到的"六朝"，还是四个汉族偏安政权的"南朝"，给人的感觉好像是一以贯之的"自古繁华""声色犬马""山水田园"，就像杜牧的那一句："南朝四百八十寺，多少楼台烟雨中。"

但是，我们可能忽略了这样一个事实：如果你细看南朝政坛，就会看到这个看似温软如玉的时代，其实充满了阴谋、暗杀、人伦泯灭。从数据上看，南朝的皇帝是个高危职业，在位时间最短的南齐海陵王萧昭文只做了一年皇帝。刘宋的刘子业、南齐的萧昭业、萧宝融在位时间也只有两年。还有七个在位三年的，三个在位四年的，一个五年，一个六年，三个八年。执政超过十年的只有五个人。有被宗室谋杀的，有被权臣害死的，这都比较平常了，可是被自己儿子，甚至被自己身边的太监杀死就不多见了。

南朝一共二十四个皇帝，至少十三个非正常死亡。

前些年有部架空历史剧叫《琅琊榜》。我很推崇这部剧，虽然没有明确说朝代，但是细心的人都可以从剧中看出以南朝梁为主的南朝诸多帝王的影子。

皇帝不得善终，最惨的就是刘宋，一共就九个皇帝，却有数位没有寿终正寝。更加可怕的是，如果你细细算一下，刘子业十七岁、刘昱十五岁、刘准十三岁，按照今天的标准来算，他们甚至未能活到成年。

为什么会这样？

因为有人要上位。谁？寒族。

东晋的一百年间，有一种独特的政治现象——门阀政治。门阀就是名门望族，也可以叫作"门阀士族"。这些大家族之所以会和政治有联系，还要追溯到曹魏时期。曹丕时期用"九品中正制"来选拔官员，如果你不是大家族大门阀里的子弟，就根本不可能进入当时的朝堂政治体系。

这种门阀政治现象并没有横跨整个六朝时期。即便大家族的婚姻勾连还存在，但在南朝，这个传统动摇了。

东晋本来是由士族掌握兵权的。北京大学历史系教授

竹林七贤与荣启期画像砖

南京博物院馆藏　图片由读图时代 / 视觉中国提供

田余庆先生在《东晋门阀政治》一书中，管这种现象叫
"士族专兵"。

在东晋，门阀世家把持朝政的初期，王氏家族在长江
上游地区屯兵，甚至可以直接威慑下游的国都建康。皇
帝司马睿只能依靠其他掌握兵权的大家族来制衡王家，比
如郗氏家族、庾氏家族等。各个门阀大家族都不会允许任
何一家独大，一旦有哪个家族越界，其他大家族就会和朝
廷联手，借着"尊王"的旗号组成反击联盟，把这个坐大
的家族压制下去；而帮助朝廷把对方拉下马的家族，又会

趁这个机会发展壮大，成为新的被讨伐目标。如此周而复始，微妙平衡。

后来，南朝的贵族们或许厌倦了这种循环，南方地区的知识分子、世家大族的子弟们开始沉迷于玄学，不仅不愿意参军，甚至有点鄙视军人。

我们经常听有人说"玄学"，这个词也经常出现在互联网上。比如我还见过一些球迷，把自己支持的球队稀里糊涂获得的胜利，称为"主教练使用了玄学"。但玄学到底是什么？其实啊，我们可以把玄学简单地理解为道教的分支。这是一种以先秦古籍《老子》为核心的哲学流派，主要的特征就是说话的时候不能直说，要有"机巧"，讲究"玄妙"；尤其是不能谈论具体的事情。如果非要聊财政、军事，那也不能提及财政、军事本身，要说万古，聊人生，谈"量子力学"谈"平行宇宙"。

竹林七贤就是其中的典型代表，据说他们以阮籍、嵇康为首，躲在茂密的竹林里，大侃科幻和小清新，就是不参与政治。

史学界的泰斗级人物陈寅恪先生曾经提出过一个让人大跌眼镜的观点。他指出，所谓的竹林七贤，其实是不存在的。这里的不存在，不是说这些人不存在，而是这七个人在竹林饮酒的事迹不存在。陈寅恪先生并非故意要语出惊人，而是在细细比对了《论语》《世说新语》等典籍过后得出的结论。为何是"七贤"而不是"八贤"？这跟南朝流行的佛教有关，是古人参考了佛教文化，为了形式的美感凑出的数字。难怪我小时候总觉得阮籍和嵇康会在竹林里遇到观音菩萨。

竹林七贤的传说虽是杜撰的，但其中蕴含的感情是真的。这个传说最早影射的是魏晋之际知识分子对曹家、司马家争夺权力的厌恶。到了南宋时期，这帮知识分子就成为被逐渐夺权的没落贵族们的精神象征。

士族门阀的贵族们看不上掌握着军权的低等士族。低等士族也忍受不了门阀贵族的天然优越感，把他们的主子赶下位。凭借军功上位的刘裕逼迫司马氏把皇位禅让给他，建立了刘宋。要论政权和军权的重合度，南朝明显高于东晋。各蛰伏已久的下层势力靠力量上位，上位初期会以更血腥的方式稳固权力。皇帝们没有之前大家族的威望，失去了正统性，不能令人信服。

于是，无数野心家跃跃欲试地做起了杀人犯。在拓跋鲜卑建立北魏之后，北朝逐渐稳定下来，南朝再也不可能再来一次淝水之战的胜利了。其实作为中原正统继承人的南朝，本可以抬出孔子儒家，标榜自己中华正统，但我们看到的却是"南朝四百八十寺，多少楼台烟雨中"。为什么？因为心虚。一帮弑君杀父的阴谋家怎么好意思提什么忠孝仁？所以皇位跑马灯似的变换着，也是正常。

世家大族们虽然没有做皇帝，但是实力并未彻底消亡。像土地这样重要的经济资源都还掌握在他们手中。他们一定在家里以竹林七贤自比着，同时对台上那些短命的"乱臣贼子"投去嘲讽和鄙夷的眼神。

14

隋朝：虞弘墓石堂浮雕

每当我听到我的导师张庆捷先生讲述他于 1999 年发掘隋代虞弘墓的过程，我都觉得很神奇。

张庆捷先生是隋代虞弘墓考古工作的主持者，也是我的研究生导师。我跟张老师学习的时候，虞弘墓的发掘已经过去了多年。虞弘墓自从发现之日起，就引起了学术界的极大轰动，可以说是地震般的大发现，所以当时还是文物和考古领域门外汉的我，能跟着张庆捷教授学习，现在回忆起来都像是做梦。

当我要构思一本关于历史文化的书时，我就可以向我的读者介绍虞弘墓以及张庆捷教授那一代考古工作者的研究成果，这让我感到止不住的兴奋。

　　虞弘墓出土于我的家乡山西太原。其实，第一次在博物馆见到虞弘墓的石堂浮雕时，我还是个高中生。我一直认为这是来自中东或者西方的文物交流展品。

　　浮雕上的主要人物头戴的头冠毫无中国风格，有人带着日月形状的头冠，有些人的头冠极似欧洲中世纪头冠。浮雕中人物的服饰更是满满的异域风格，飘带横飞，花纹独特。浮雕中栩栩如生的狮子、大象、忍冬花、葡萄藤蔓

虞弘墓

发掘于山西省太原市　图片由张庆捷提供　1999年拍摄

虞弘墓石堂浮雕

均不是中原物产，最引人瞩目的还有那些高鼻深目的祭司、奴仆、舞者、战士以及熊熊燃烧的祭坛圣火。这是一位"很洋气"的"太原人"啊。

这位长眠于此的墓主人叫虞弘，字磨潘，59岁时在太原去世。从汉白玉的石堂和歇山顶的殿堂式建筑结构，我们可以看出这是一位金玉满堂、地位尊崇的人物。我们从他的墓志上了解到，这位墓主人可以说是一位见过大世面的人物啊。

虞弘确实不是隋朝的"土著"。他的民族粟特族，原本是生活在撒马尔罕、布哈拉一带（大致在今天的乌兹别克斯坦）的商业民族。虞弘的姓氏就来源于他的部落——

虞弘墓石堂圣火坛

山西博物院馆藏　图片由张庆捷提供　2000 年拍摄

鱼国。虞弘祖上曾追随过十六国时期的赫连氏，被安置在灵武。到了虞弘祖父的时候，他们的家族作为鱼国的"领民酋长"来到了北魏，可能居住在中原地区的西北部。虞弘父亲的时候，柔然崛起，虞弘的父亲做了柔然的高官，被派遣出使北朝（当时的东魏）。出使的时候，虞弘的妈妈生下了他。虞弘少年时就表现出外交家的风范，年仅13岁就被柔然指派出使波斯与吐谷浑等西域诸国，与其修好关系。

后来虞弘又被派遣出使北齐，这次出使改变了他本人和整个家族的命运。

不知出于什么原因，北齐皇帝高洋扣留了虞弘。可能是因为北齐与柔然的交战，也可能是看中了虞弘的能力与经历，也可能兼而有之。武成帝高湛重用虞弘，委以凉州刺史的官职。任职期间，虞弘干得很好，出色的政绩和声誉使他被调回了京中。在京中的虞弘纵横捭阖、能屈能伸，出众的外交天赋和语言能力让他如鱼得水，名动京城。后来北周灭掉北齐，网罗有声望的北齐旧臣，虞弘取珠弃蚌，转投北周，继续受到重用，还被授予了爵位，封邑六百户。大象年间，北周外戚杨坚出任左丞相。这位未来的大隋帝国的皇帝同样看中这位外交人才，封虞弘为并州、代州、介州三州的检校萨保，掌管三州外交、宗教、外来人口等事务，坐镇别都晋阳城。隋朝开皇年间，虞弘

椁壁浮雕（局部）

山西博物院馆藏　图片由张庆捷提供　2000 年拍摄

继续加官晋爵，仪同三司。开皇十二年十一月十八日，59
岁的虞弘结束了他"翱翔数国，侍奉十主"的传奇一生，
葬于西周晋国开国国君所葬东三里之处。

这是一位足以被写进教科书的人物，他的故事足以被
谱成歌谣故事。

除了墓志透露的信息，虞弘墓中最引人瞩目的就是汉
白玉石堂四周及内外或雕刻或彩绘的54组图案。这些画
面涵盖了墓主人生前的生活、宴饮场景，还有祭祀、射
猎、乐舞、出行等状态。从这些图案中，我们可以看到波

库思老一世狩猎镀金银盘

伊朗国家博物馆馆藏　图片由伊朗国家博物馆提供

斯、中亚文化初入中原文化圈的样子。

　　比如，石堂前壁左侧与后壁正中的浮雕图案中，出现了很多头戴王冠的形象。这些头戴王冠的男子有的骑在马上，有的坐在榻上与一位妇人对坐饮酒。学者们推断，处在各幅画面中心位置的男性可能都是同一个人——墓主人

椁座前壁浮雕

山西博物院馆藏　图片由张庆捷提供　2000年拍摄

虞弘。后壁正中央面积最大，画中的人物最多，是解读所
有图画的关键。这些图画反映的应该是墓主人虞弘生前奢
华的生活，与他对饮的妇人应是虞弘夫人。围绕在这幅宴
饮图四周的各种男子，可能都是虞弘的化身。有些图画反
映了他生前的经历，有些代表着他死后的愿景。

我们刚刚提到的王冠，顶端有一个日月形的组合装饰。这种日月形冠不是中原文明的产物，它来自哪里？张庆捷教授在很多波斯银币和金属器皿上找到了答案，不论是伊斯提则德二世，还是卑鲁斯、库思老一世，这些萨珊波斯王的头上都戴有这种形状的王冠。而这些王都是虞弘去世前的波斯王。比如这个"库思老一世狩猎镀金银盘"，张弓搭箭的波斯王头顶上日月生辉。而后世的波斯王王冠上太阳的形状逐渐开始变形，有了更复杂的形状组合。

波斯文化不仅体现在头上，还体现在腿上。众多图像中，有一幅虞弘骑象搏狮图，让我印象深刻。一中年男子，两手持剑，骑在一头大象上，扭转回身与一只张着血盆大口的狮子搏斗。画面描绘的正是狮子奋力扑来那一瞬间的动态感觉，多么震撼人心！其实这是一幅很程式化的图案，在很多萨珊波斯银盘、银币上都有这种回身搏杀虎豹、雄狮的场景。可以说，这代表着虞弘的美好期许，他大概希望自己死后可以变成一位波斯王吧。不仅如此，墓中种种也反映出虞弘对波斯文化的推崇。这种想象和推崇很注重细节，除了动作姿势外，连裤子的花边都充斥着细节。画面中，虞弘身着一条紧腿裤，膝盖以下的部分套着一双宽肥的花边护腿。

细心的张庆捷教授注意到，在虞弘墓石堂50余幅图案中，只有一幅图中的人物穿着这样的裤子。中原当时没

椁壁浮雕（局部）

山西博物院馆藏　图片由张庆捷提供　2000 年拍摄

有这样的裤子，这也不是北部游牧民族的服饰，那它是来自哪里的？我们不妨从波斯银盘中寻找答案，果然，类似这样的花边裤，只有在波斯器皿上才能看到。同样的裤子还出现在著名的摩崖石刻"沙普尔一世战胜图"中。沙普尔单手握着佩剑威风凛凛地坐在马上，腿上穿着的就是这样的花边裤。

其实，最能感受到波斯文化的地方，还是虞弘墓石堂的圣火坛。这个圣火坛位于石堂的中下部，束腰形圣火坛上燃着熊熊烈火。圣坛左右两旁是人面鹰身的祭司。祭司的雕刻十分讲究，两位守护者都戴着手套，还用一只手捂着嘴，这不是怕熏到自己，而是担心自己口中飞沫污染到洁净的圣火。供奉圣火是粟特人的头等大事，即使到了另一个世界，也不可忽视。中国古代也不是没有人面鸟身的神仙，《山海经》里有，我们之前讲过的湖南长沙马王堆汉墓帛画中也有，就连佛教当中也有"迦陵频伽"（在很多石窟壁画中都看得到）。但是以上任何一种人首鸟身神，身边都没有火坛。不用怀疑，这就是波斯萨珊王朝所信奉的祆教，也被叫作"拜火教"。

从这些波斯文化的图案中可以得知，北朝到隋朝这一特殊的历史时期里，进入中原的粟特人与日俱增，中华文明获得了一次宝贵的机会，与外来文化融合，创造出新的辉煌。虞弘年少时曾出使波斯以及被波斯文化浸润的中亚国度，对波斯的风土人情、文化宗教都非常喜欢。后来，虞弘在中原做官、生活，见证了从北朝到大隋帝国的崛起，也让他自豪地以华夏中国人自居。别忘了虞弘墓的歇山顶（这是中式高官墓葬的标志）以及墓志中虞弘多次自称颛顼、虞舜的后人。

荣新江教授在他的《隋及唐初并州的萨保府与粟特聚落》中提到，当时的晋阳城居住着许许多多波斯人、中亚人，人数之众已经需要一位像虞弘这样的高官专门管理。在历史上我们还发现，在虞弘之后还有很多汉人接替了虞弘的职位管理来华胡人。虞弘的后人和族人也在这片土地上繁衍生息，《太平寰宇记》卷四十河东道并州姓氏条下就有记载："晋郡三姓：鱼、仪、景。"这里的鱼姓就来自虞弘的鱼国。

我们可以想象，在大唐盛世到来之前，晋阳城已经是融汇中西的大都会，这里有着北方草原民族、中亚、西亚的大量商队、旅人、移民，北朝统治者的开放胸襟被隋唐继承了下来。这些远方的来客在这里经商、生活甚至出仕为官，最终由过客变成了归人，融入我们的血液中，也成了我们的祖先，为中华文化新一轮的腾飞注入了新鲜空气。

难怪，那个灿烂夺目的世界帝国，大唐也会孕育在晋阳。

15

唐朝：鎏金舞马衔杯纹银壶

　　"盛装舞步"是现代奥运会的马术比赛项目之一。在整个比赛的过程中，骑手骑着经过精心打扮的马儿，人着盛装、马踏舞步，同时展现力与美，张力与韵律。骑手和马儿融为一体，不论多么复杂烦琐的动作，人和马都显得气定神闲、风度翩翩，展现出贵族般的气质和风度。

　　风度维持得久了，就成了风雅；风雅维持得久了，人们也许会忘记除了马儿能参加盛装舞步，还能让人扬鞭飞驰。

　　为什么有这样的感叹？是因为有这样一件文物，让我开启了"过度联想"。那就是现存于陕西历史博物馆的鎏金舞马衔杯纹银壶。如果有"最受欢迎文物排行榜"，这

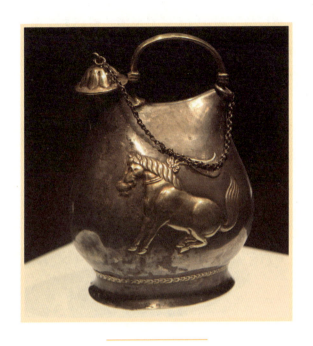

鎏金舞马衔杯纹银壶

陕西历史博物馆馆藏　图片由读图时代 / 视觉中国提供

件宝物一定可以上榜并且名列前茅。在陕西历史博物馆，关于这件文物的衍生文创、礼品广受欢迎。虽是银壶，却做成了草原民族常用的皮革制品的样子。这明显因为唐朝是一个继承了北朝游牧民族风格的王朝。其实这样的模仿皮革质感、形状的水器形制很普遍，不止有金属器，还有陶瓷。让这只银壶声名大噪的是壶身上的这匹马。

　　这匹马的动作十分奇特，没有马鞍，说明不是用来骑乘的。它口衔金杯，体态犹如醉酒一般憨态可掬。据说这是唐玄宗生日宴会上的保留节目，数百匹训练有素的骏马，在音乐的伴奏中翩翩起舞，为唐皇祝寿。在马戏的最高潮，四百匹马会口衔金杯向李隆基献酒，场面蔚为壮观。张说的《杂曲歌辞·舞马千秋万岁乐府词》便记录了这样的场景：

圣王至德与天齐，天马来仪自海西。
腕足齐行拜两膝，繁骄不进蹈千蹄。
髦鬃奋鬣时蹲踏，鼓怒骧身忽上跻。
更有衔杯终宴曲，垂头掉尾醉如泥。

但是，这样的宴乐没能持续多久。从太宗策马的秦王破阵之音，到玄宗的群马醉卧之舞，大唐如灿烂辉煌的烟花。可惜，烟花易冷，无法长久。这件文物也成了盛世最后的虚幻影子。

唐朝的国祚虽然还算绵长，但是盛唐的气象在安史之乱之后就迅速散去了，晚唐只留下了"此情可待成追忆，只是当时已惘然"。

唐朝在玄宗时代出现转折，这更是整个中国历史的转折。

"渔阳鼙鼓动地来，惊破霓裳羽衣曲。"事实上，我们完全没有必要把历史的因果解释成一个人或者一小撮人的影响，这样的结论都是肤浅的。

唐朝的对外扩张战争在玄宗朝之前其实从未停止过。到唐玄宗天宝年间，施行了约二百年的府兵制已赶不上战争机器的步伐，遭到停废。

府兵制是一种兵农合一的军事制度。唐朝初期，统治者在各地设置了600多个军府，每个军府约管辖一千人。这是一种来自北魏的制度。从《木兰辞》中可以看出，府兵的骏马、鞍鞯、辔头、长鞭都得自己带。为什么从军还要费用自理？因为军户不用缴纳税赋，还可以分得土地。平时务农，战时就要上阵打仗。

这种制度虽然成本不高，但是专业度不够，组织动员也不够快。玄宗可等不了，于是将其废除，代之以专业化的军队制度，募兵制。

其实，就算唐玄宗等得起，老百姓也打不起了。玄宗朝的对外扩张似乎没有尽头，战线被推进到了草原、西域。行军路途太遥远，百姓一去一回成本太高。而且就算打下草原、西域的土地也没有耕地可分，军士们自然积极性不高。

开边意味着玄宗接受了拥有皇族血统的丞相李林甫的建议，招募了一支国家按期发军饷的，由职业军人组成的职业军队。因为脱产不用务农，且训练有素，所以军队战斗力很强。这些募兵只领军饷不分土地，因此能长期驻守边疆。

凡事都是祸福相倚。既然募兵制相比府兵有很多好处，那这支特效药的副作用也不会小。这个副作用症状的名字叫：军阀。

从前，如有战事，军队由平时务农的农民们临时组成，战争过后"兵归于府"，那将领呢？也是临时的，战争结束以后也要"将归于朝"。都是临时走到一起的队伍，打完仗，兵将之间不会存在隶属关系。

募兵制就不同啦。职业军人、职业将领都是日日夜夜生活在一起。在他们驻守的边疆，朝廷专门划出供军队和他们的家属居住的"藩镇"。因为古代运输成本很高，所以唐玄宗允许藩镇自己解决钱的问题，掌管地方财政。不是玄宗心大，而是他太自信了，认为朝廷完全可以镇得住这些边疆节度使。对此，我十分理解。"万马衔杯舞"看多了，可能真的会忘记烈马的本性，忘记要把手里的缰绳勒紧。

如果边境无事倒还好，但是东北、西北、西南三面边陲都出事了。

先说西北方向，高句丽名将高仙芝被任命为安西节度使，统辖天山南北、咸海以东。老对手突厥、新对手吐蕃都被这位年轻的将军压制，可谁也没想到，高将军竟然被一个小国难住了。这个小国叫"石国"，而它背后的力量是在罗马和波斯的废墟上建立起来的阿拉伯帝国。在信仰伊斯兰教后，阿拉伯帝国的精神和思想达到高度统一。公元 8 世纪，阿拉伯帝国已经是一个领土超过 1300 万平方千米的庞大帝国。假如你翻一翻当时的世界地图，便能在欧亚大陆上看到两个横亘东西的大国。在东西交汇的中亚地区，难免会出现一些冲突和摩擦。石国就成了这场冲突爆发的导火索。

在阿拉伯帝国和唐的挤压下，这个唐的藩属小国内部出现了两股政治势力，一派是亲唐的，一派是反唐的。

反唐势力组建联盟攻击亲唐派，甚至攻击石国周边与唐朝亲近的国家。高仙芝在接到"亲唐派"的求救信后，出兵镇压"反唐联盟"。高仙芝的手段十分残忍，不但武力镇压了"反唐联盟"，而且违背承诺，掳走石国国王及其部众，格杀老人与小孩，搜刮财物。石国万万没有想到，他们盼望已久的救星竟然成了杀人劫掠的魔王。

阿拉伯帝国看到了控制中亚的机会。被唐军吓破了胆的西域人转向阿拉伯帝国求助，引发了著名的怛（dá）罗斯之战。

由于准备不足、过分轻敌，高仙芝主动进攻大食，率领大唐联军长途奔袭，深入七百余里。经过几天几夜的战斗，不到三万的唐军被超过十万的阿拉伯帝国打败。

第二场失败在东北方向。安禄山领六万大军千里奔袭，想要偷袭进攻契丹。但没想到大军急行千里把元气耗尽，反而陷入了契丹的包围之中。安禄山自己都差不多被俘虏。

最丢人的还要数唐玄宗的亲戚，杨国忠。他很清楚北方草原民族战斗力剽悍，惹不起，于是选了一个"软柿子"捏，那就是南诏。

南诏国是八世纪崛起于云南一带的古代王国。杨国忠数次征讨南诏，非但没有树立威信，反而惊愕地发现，南诏根本不是什么"软柿子"。北方的募兵们到了南诏纷纷水土不服，被打得落花流水。北方的募兵多来自今天陕西、河南、河北一带，从未去过地形复杂的云南，也不愿意追随这位国舅爷。于是，朝廷就下令抓壮丁。

"君不闻开元宰相宋开府，不赏边功防黩武。又不闻天宝宰相杨国忠，欲求恩幸立边功。"这句话来自白居易的《新丰折臂翁》。说的是陕西新丰县有一位八十八岁的独臂老人，他在二十四岁那年被强征去云南。为了保住性命，只好用一块大石头砸断了自己的一条胳膊，如此才逃过了兵役。这条断掉的胳膊让他一生承受病痛，每一个阴雨天，老人都疼得彻夜难眠。但是想一想南诏泸水畔的无人收殓的累累白骨，老人说他并不后悔，毕竟保住了一条命。史书记载，七万大军在南诏国都太和城外全军覆没。

在西北、东北、西南三个方向连连惨败后，唐朝的国力终于被透支殆尽。

安禄山将这一切都看在眼里。公元 755 年，他决定起兵造反。所以我宁愿把安史之乱当作唐朝衰落的恶果，而不是原因。

我不知道这些在玄宗寿宴上的舞马是来自哪一个战场上的战马。这一刻，它们被幸运地选入了战马"文工团"。但是覆巢之下安有完卵，渔阳鼙鼓打断的不只有霓裳羽衣曲，还有《倾杯乐》的节奏。玄宗万国来朝的美梦醒了，皇帝弃城而逃。据说，这批舞马最终流落到叛军将领安禄山帐下大将田成嗣手中。叛军的军中也有宴乐，这一批被训练得已经形成了条件反射的舞马听见乐曲声，大概以为自己还在大唐皇宫之中，会随着节拍翩翩起舞吧。

16

五代:《琉璃堂人物图》

　　唐末到北宋是一个很复杂的历史时期。唐朝灭亡后，各民族的军事力量在中原混战，国家陷入割据。宋人欧阳修在他的《新五代史》中用"五代十国"这个词来描述这一时期。但是这些政权有一点是一致的，那就是几乎每一个小政权的领导人都自称与已灭亡的唐有着非常密切的关系，甚至自称是唐的继承者。许多帝王下令征集唐代的家族传记、公私文书，并对其进行编撰。这样的事情，后梁、后唐都曾做过。后唐的明宗皇帝曾收藏各种唐代的史料，包括图集、书籍；后晋时候还修了《唐书》，也就是我们今天所说的《旧唐书》，光留存到今天的就有 200 卷。

　　总而言之，想要坐大，那就要看看谁可以抢到"唐代文化继承者"这一头衔。

他们这么做，不仅仅是因为唐的文化形象可以帮助这些根基不稳的小朝廷证明自身的合法性，更是自先秦来以文化立国，文化认同的强大惯性。

在这方面做得最好的一个，要数南唐了。首先，他们的皇族自称是唐代皇族的后裔，以"唐"为国号也表明了这个王朝与唐的关系。

五代时期的艺术作品很多都充满了明显的政治功能，比如这一幅《琉璃堂人物图》。此画出自南唐后主的御用画家周文矩之手。在讲解这幅画之前，我们不妨先看看另一幅更出名的画作，号称出自宋徽宗之手的《听琴图》。注意看画面右边这位红色衣服的人，记住他！现在，再看看我们今天的主角，《琉璃堂人物图》。你发现了什么？没错，这位"红衣男子"又出现了！两人只是面部朝向不一样，容貌、姿态甚至连兽皮坐垫都一模一样！

《琉璃堂人物图》还有一位"兄弟"，那就是传为唐代画家韩滉创作的《文苑图》。很多历史学家和书画鉴赏家都认为《文苑图》是《琉璃堂人物图》的临摹作品。可能是后人模仿周文矩，可能两幅画都是周文矩模仿别人的作品，也有可能两幅画都是模仿我们至今还没有发现的一幅唐人作品。

唐代、南唐、宋代，画中的文人们穿越时空般出现在不同朝代的画作里，这绝非巧合。宫廷画的内容不是那么随便的，一般画的都是圣贤故事。即便是描绘宫廷人物生活，画面也特别讲究。

《琉璃堂人物图》右边的室内画面描绘的是唐玄宗时期王昌龄在江南的琉璃堂。王昌龄经常会在琉璃堂举办诗会雅集，与文人雅士们一起谈古论今，讨论诗词歌赋。

如果你觉王昌龄就是画中最出名的人物，不妨看看画的后半段，也就是和《文苑图》内容一致的部分。不需我

琉璃堂人物图

美国大都会艺术博物馆馆藏 图片由美国大都会艺术博物馆提供

介绍，大家也许就能看出这里的中心人物。有一个人趴在一棵弯弯的松树上，他就是李白。

唐代的文化通过南唐宫廷画师之手，一直绵延到徽宗朝，并流传到现在。我们总是对唐、宋这样的大时代津津乐道。然而我们都不应该忘记五代的传承作用，不论当时的人们传承唐文化是出于怎样的政治目的。

当然了，传承不是复制，五代的作品也有着自己独特的风格。

　　如果我们细心地看画中人物的衣褶，就不难发现，这些线条看似自然，但又有不平滑的地方。这种创作手法叫作"颤笔"，而这也是许多书画专家认为《文苑图》比不上《琉璃堂人物图》的地方。有人说，这种手法是周文矩的创新，殊不知这跟他的主子有关。

文苑图

北京故宫博物馆馆藏　图片由读图时代/视觉中国提供

就像宋徽宗的瘦金体一样，在书法方面，南唐后主李煜也有着自己的特色：金错刀。

《宣和画谱·李煜》中是这样描述这种风格的："李氏能文善书画。书作颤笔樛曲之状，遒劲如寒松霜竹，谓之金错刀。"

不要忘记周文矩宫廷画师的身份。在画作时迎合李煜的书法习惯，这完全说得通。

所以严格地说，《琉璃堂人物图》努力展示唐朝文化，以标榜自己王朝合法性，与此同时整幅画里也透着浓浓的"南唐风格"。

五代时更出名的画是《韩熙载夜宴图》。这幅画也是由李煜的宫廷画师创作的，叫顾闳中。去故宫博物院参观的人，大概没有人愿意错过这幅画。

讲这幅画的书籍和文章浩如烟海，我甚至见过有人细致地分析画中的每一位人物。在这里，我只想借这幅画谈谈那个时代。要知道，《韩熙载夜宴图》的政治意味比《琉璃堂人物图》更浓。这根本就是一幅"监视画"。画中的韩熙载是个大人物不假，但跟欧洲那些花重金找画师为自己绘制肖像的大人物不同，这幅画不是韩熙载找人画的，而是当时的皇帝李煜派人画的。而且很显然，韩熙载知道这一切。

假如你知道韩熙载身为北人，被南唐君臣猜忌的事实，就会觉得画中的每一个细节都充满意义。韩熙载是从北方逃到南方的世家子弟。算起来，到了后主李煜时候，他已经是三朝元老。崇尚节俭的南唐开国皇帝李昪并不认同韩熙载奢华张扬的生活方式，但依旧觉得他是个人才，把他派给了自己的儿子，做东宫僚属。

公元 943 年，李昪驾崩，太子李璟即位。韩熙载虽只

韩熙载夜宴图

北京故宫博物馆馆藏　图片由读图时代 / 视觉中国提供

是个六品小官，但是李璟特意赐他五品官才能穿的红袍，并且把为先帝拟谥号的重任交给了他，可见李璟对韩熙载的器重程度。

国士待之，国士报之。来自北方的韩熙载深知自己身份敏感，因此从来只谈诗文不谈政治。但是这时的韩熙载被皇帝的知遇之恩感动，开始毫无保留地展示平生之学。

要知道，韩熙载从小就是个要强的孩子。据说他孩童时候从来不和同龄人玩，一心读书。青年时，他便展现出远大的抱负和傲视天下的才华。李璟继位后，韩熙载相信自己终于可以实现抱负，积极参与到新兴王朝的建设中。

但是韩熙载太天真了，这时的南唐虽以"唐"为国号，也处处标榜为盛唐后裔，但南唐朝廷可没有盛唐朝廷的气度。为政激进的韩熙载无疑会招来权贵的不满，而他"北人"的身份一刻也不曾被忘记。

重用韩熙载的李璟死后，后主李煜对这位自视颇高又直言进谏的老臣显然没有耐心。韩熙载遭人弹劾，虽然最终官复原职，但是一直遭到猜忌。那个放浪形骸，纵情声色的韩熙载又回来了——他只能如此。也许只有这样，他才不会被人猜忌。但是中原政权统一南疆是迟早的事，一旦英才雄主出现，南唐君臣可能连弃甲的时间都没有。

至此，韩熙载或许也发现自己已身在一艘即将沉没的大船上。既然如此，争船长还是大副又有什么意义？是啊，连一个稍有狂气的人才都容不下的王朝，再装什么盛唐气象又有何用？

顾闳中奉命去韩熙载家赴宴，目的就是要画一幅监视画。韩熙载很清楚画师的来意，却不能拒绝，这是为何？他也许在想："考察我是否可堪大用？想要窥探宴会里有没有阴谋？算了，我已经竭尽全力，还要怎样左右他人的

想法？你要看我醉生梦死？好，那就给你看好了！"但是
即便如此，韩熙载对风雨飘摇的南唐和自己即将做亡国奴
的事实还是充满担忧的。

　　乱世中的失败者不少，史书对他们的记录却不多。我
们应该感谢宫廷画师们，是他们的画作让我们能够看见那
些不曾被记入史册，没有资格为自己发声的失败者们。其
实无论是成功者还是失败者，历史长河中每一个小人物，
都使他所处的时代又有了更多的可能。

17

北宋:《契丹使朝聘图》

江西有一座因为瓷器闻名世界的小城,叫景德镇。因为景德镇,人们也记住了宋真宗"景德"这个年号。但是"景德"这个年号承载的可不仅是宋瓷的光华。

这是一幅现今收藏于台北故宫博物院的北宋绢本画。它属于《景德四图》之一,剩下的三幅分别是《北寨宴射》《舆驾观汴涨》《太清观书》。中外的历史学家们多认为,这组画可能属于北宋皇家,是宋仁宗时期的宫廷画。

画中描绘的是北宋与辽的"交聘场面"。有说法称后面的场地是北宋开封的皇宫,还有历史学者认为这座建筑物可能不是皇宫,而是另一个大名鼎鼎的地方,澶(chán)渊之盟的发生地——澶州行宫。

《宋史·礼志》云："自景德澶渊会盟之后，始有契丹国信使副元正、圣节朝见。"

那么这幅画究竟是不是对这一场景的真实再现？可能不是。研究宋代宾礼的专家学者指出，图中的仪仗队卫士、臣僚的服饰乃至图左"崇政殿"的建筑形制和门的朝向统统不对。

这幅图很有可能是北宋中期的宫廷画师们，根据对真宗朝契丹使者朝聘的记录，意会所画。为的是让后人不忘宋真宗订立澶渊之盟的功绩。

功绩？对。很大的功绩。

如果不能很好地理解澶渊之盟，就不能很好地理解北宋。

公元 1004 年，正月初一，宋真宗改元为"景德"。这个年号仅用了四年，却在中国历史上留下了浓墨重彩的一笔。

刚过完年，还没出正月十五，就传来了契丹人准备入侵的消息。

雍熙三年，太宗为收复燕云十六州，举二十万大军北伐。但是由于指挥失误等各种原因，军队大败而归。在这场战斗中，更为人们熟悉的也许是大将杨业的故事，他的故事后来演化成了杨家将的戏文，传唱至今。此后，北宋对辽的军事态势由攻转守。但是到了景德年间，情况开始好转。首先，真宗朝拥有比从前略宽松的政治环境。宋真宗是几十年来第一个没有任何争议，平稳过渡、和平继位的天子。如此，真宗的治国之策便能温和许多，不必着急建功立业以证明自己的合法性。而且跟事事躬亲的先帝比起来，真宗更注重听取宰相的意见，这是温和政治的前提。更幸运的是，当时的大臣们也很争气。在有"圣相"美誉的李沆的辅佐下，北宋的耕地面积较太宗朝增加了接近一倍。高产作物逼罗稻被引入，全国十五路的转运使轮流进京述职，中央财政更加稳固。五代十国之后的第一个大治，"咸平之治"到来了。

所以哪怕是遇到边关军情，真宗心里也是有底的，更何况现在还只是敌军准备入侵的消息。

但是该来的还是会来，到了"天高马肥之秋"，大辽的皇太后萧绰、皇帝耶律隆绪率领十二万大军御驾亲征。游牧民族南侵，屡战屡胜。他们先是俘虏了遂城的王先知，后来拿下了云州观察使王继中，转眼就杀到黄河边，直逼汴梁。参知政事王钦若提出南渡江宁，南宋险些就要"早产"。

这里没什么悬念，我们的中学课本都讲过了。新上任的宰相寇准主张宋真宗御驾亲征。寇准严词厉色，激烈地表示谁要敢妄言南渡就力斩于当下，黄河防线一步也不能退。真宗只好硬着头皮提兵出战，兵至澶渊一带。对面有大辽皇室，可我们这里也来了真龙天子，宋军士气大振。

再加上辽军主帅萧挞凛中流箭身亡，双方的军事态势出现了平衡，在澶渊一带对峙起来。对北宋有利的是，冬天就要来临，留给大辽的时间已经不多了。

其实，这也是战争双方可以接受、预料的情景。大辽的萧太后不是一位穷兵黩武的太后，她是一位非常务实的政治家，本来就是一路打一路谈判。这时，她再次释放出和平谈判的信号。

寇准呢？大家不要看他杀声喊得震天响，但他其实一早就做好了议和的准备，出兵就是为了更好地议和。正如前文所说，北宋这些年攒下了些家底，虽不能反攻，坚守还是不在话下的。就算辽国母子发兵十二万，也不至于席卷中原，其实也就是来"打秋风"的。此战的结果一定是和谈。

然而有一点十分重要，那就是必须让皇帝直接参与议和。就算是抬，也要把皇上抬到前线去。

为什么呢？套用周星驰版本《大话西游》里唐僧的一句话"送死你去，背黑锅我来"，这才是好领导啊！我们大臣们可以舍身为国，但皇上要给我们撑腰啊。可不能让我们斩妖除魔，还让我们承担骂名！

任何大臣敢提出议和，就算皇上心里厌战，顺水推舟，可是一旦一切尘埃落定，弹劾你卖国的声浪压过来时，皇上也未必会站在你这边。皇上直接参与议和，性质就不一样了，朝中喊打喊杀的势力就有了顾忌。所以一定要让皇帝成为和谈的当事人——这也许就是最初版本的"君臣共治"吧。

说实话，真宗真的被吓到了。据说他人在军中，天天都睡不好觉。一听到有议和机会，马上表示："只要能和平，就是每年要我一百万两银子都行啊！"当然了，最后不需要那么多，每年只需要二十万两白银和十万匹绢。据说这都是寇准的功劳，他威胁谈判使者，只要谈判的结果超过这个数，就要把脑袋给人家。寇准，您真是一位把"杀头"当咒语念的巫师啊。

澶渊之盟让宋朝与契丹国建立起平等的外交关系。因为咱们中华文明是家天下的文化，"平等"在我们的语言体系中叫"兄弟"，两国皇帝就这样互称兄弟了。

既然是兄弟，那就没有什么"战争赔款"，每年的二十万两白银和十万匹绢，就是兄弟国之间的无偿"经济援助"。用这么一点点财物换取和平，真是太划算了。这就是所谓的双赢吧。

有人说，那一分钱不给契丹人岂不更好？

历史没有如果，只有最优解。当时的情况是宋、辽双方的老百姓都要过日子，任何一方都不能以压倒性的优势控制对方。在这种情况下，谈判和对话就好过对抗。文明的意义本来就是褪去野蛮，维持各文明体的生存。用经济带来的和平也是珍贵的。

但是我们知道，即便这次会盟的结果非常好，也总会有人对于这种"城下之盟"耿耿于怀。他们就一定要把澶渊之盟这种体现了伟大政治智慧和政治勇气的好事，说成是政治污点。

比如当年劝皇帝南渡的参知政事王钦若。王大人好像忘了自己当年是怎样劝皇帝放弃大好江山的，居然弹劾寇准卖国。

我们看看宋真宗是怎么做的。宋真宗只能罢免寇准。为什么？我们不妨来猜一猜真宗的几层心理活动。

第一层，真宗分得清是非，这对于一个受过完整帝王教育的天子来说并不难。寇准有功，王钦若无功。

第二层，皇帝对寇准丞相也并非百分之百满意。他很可能意识到自己在情急之下，被寇准"设计"了。

"强拖朕上战场是吧？是，结果是很好，朕虽然不愿意承认，但朕心里知道你做得对。但是你寇准就一点私心也没有？别以为朕不知道，你不敢独自承担责任，所以把朕和你绑上了一条船。"

第三层，王钦若的话虽不在理，但人言又何尝是一个"理"字就可以平息的？"城下之盟"的说法就像是房间里的大象，用不着假装看不见。

所以，宋真宗进行了一系列操作：

　　第一步，暂时罢免寇准，今后再复用。真宗要保持君主的绝对权威，也要安主和派的心。

　　第二步，逼王钦若表态。不但不能再提什么"城下之盟"，还得从根本上肯定这件事，让后世史书不能找任何借口指摘，要让澶渊之盟的正面影响板上钉钉。

　　要怎样表态呢？封禅。这是从秦始皇开始，儒家对圣主的最高评价。只要封禅了，不但不会有人再去指摘澶渊之盟，整个真宗朝都会被后世视为榜样。按照儒家经典，只有天下太平的皇帝，圣君才有资格封禅，即使汉武帝、武则天、唐玄宗这样的君王，封禅之时都被人质疑是否够格。这次封禅，宋真宗不但是为了表彰自己，更是要向大宋和五代十国的统治者们心心念念的大唐王朝看齐。宋真宗这一次玩儿很大！这也是中国历史上最后一次封禅。真是釜底抽薪之策！

　　大中祥符元年，宋真宗提出了封禅的暗示。封禅这种事情自然不好由皇帝自己提出，需要群臣上表劝谏。他特意编造了天书降临、祥瑞现世的故事，疯狂暗示大臣们：朕已经御驾亲征了，为大宋王朝带来了和平，为了让你们这些"投降派"放心，甚至连主战的功臣寇准都贬黜了。那你们就不能不懂事了吧？来而不往非礼也。你不但要承认朕的伟大功绩，而且要签字画押，永世不得反悔。

　　百官们也非常识趣，一下就明白了皇帝的意思。宋朝的大臣们有个传统,就是知道凡事不能过分。而且百官们想想,澶渊之盟确实是好事,皇上也处理了寇准,就等于已经表明了态度,不会对当时主张南迁的官员秋后算账,我们的目的已经达到了。(这里插一句,细细想来,皇帝

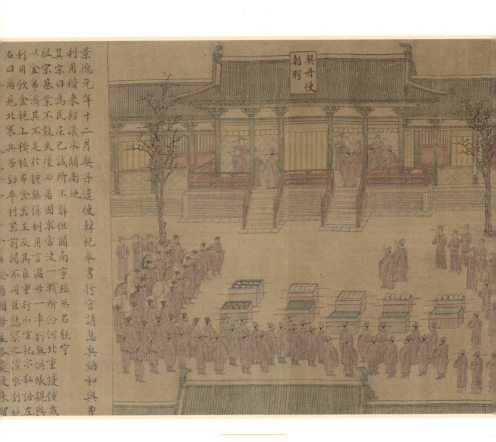

契丹使朝聘图

台北故宫博物院院藏 图片由北京壹图摩卖网络科技有限公司提供

抓住了人性的弱点，还营造出一种宽松的、不会因言获罪的官场氛围。）皇帝、寇准还有前方的将士们，已经为我们带来了和平。那安定民心、稳定战后秩序，我们自然当仁不让。放心吧皇帝，我们懂的。我们一定要把这次"城下之盟"变成一幅万代流传的《契丹使朝聘图》，也一定会全力配合封禅大典！

所以，百官在宰相的率领下，三次上表劝谏宋真宗封禅，真宗也默契地与百官"三推六让"。百官们也"懂事地"在每一次劝谏时抬高礼仪的规格。最终，这场由真宗策划发起，率领百官通力配合，副相亲自操持的封禅大戏完美上演了。

从澶渊之盟到封禅大典，北宋算是真正走出了唐末至五代十国以来的动荡不安。宋真宗为北宋定下了一个基调与一种平衡。那就是，大宋王朝的统治合法化不容置疑，君臣共治，皇权与士大夫阶层要互相"给面子"，不要"踩过界"。

后来的仁宗朝更是把君臣共治推向了巅峰。现在让我们再看看这幅《契丹使朝聘图》，就算它是后人意会所作，我们也不难想象北宋几代君臣站在这幅画前，回想真宗留给他们的政治遗产，忆苦思甜的样子。

18

辽朝:《杨贵妃教鹦鹉图》

　　辽，是中国历史上首个由游牧民族建立且统治超过百年的王朝。这是一个被严重低估的政权。辽把兼容草原和中原的二元帝国制度化了，为后世中国可以拥有地跨草原、中原的庞大疆域奠定了制度基础。

　　这幅来自辽代贵族的墓葬壁画很可能透露了辽之所以能超越之前的游牧政权，获得斐然功绩的秘密。

　　《杨贵妃教鹦鹉图》是内蒙古赤峰市阿鲁科尔沁旗博物馆的镇馆之宝。1994 年，考古人员在阿鲁科尔沁旗的东沙布日台乡宝山发现了一座辽代贵族墓葬。墓葬壁画颜色鲜艳，人物生动，犹如新绘制的一般。这是一座早期的契丹贵族墓葬，墓主人是一位早夭的十四岁少年，下葬于

杨贵妃教鹦鹉图

赤峰阿鲁科尔沁旗博物馆馆藏　图片由北京壹图厚德网络科技有限公司提供

公元 923 年，也就是辽太祖天赞二年。

契丹人墓室里的壁画，没有飞鹰走兽，没有奔腾的骏马，却画了杨贵妃，这就让人不得不心生遐想。

这么早的辽代墓葬，如果说他受到了宋代文化的影响，那就有些牵强了。别说"澶渊之盟"了，这位小少爷下葬的时候，都还没有北宋呢。那么壁画中的汉文化符号和意境来自哪里？

契丹人为什么要画杨贵妃？他们画的杨贵妃跟中原的杨贵妃肖像画有区别吗？

这幅壁画高 70 厘米，长 2.3 米。画作的中间就是杨贵妃了。她为什么就是杨贵妃呢？首先，并不是因为画中女子的衣着与发饰。画中的杨贵妃留着典型的辽代贵族女子发饰。契丹妇女喜欢各种头饰，传说萧太后就是"冠翠花，玉充耳""冠翠凤大冠，冠有绥缨，垂覆于领，凤皆浮"。《金史》有记录，契丹人的女子以皂纱笼，髻如巾状，猗缀玉钿于上，称为"玉逍遥"。可是这位杨贵妃为什么打扮得如此"招摇"？这不是我们在敦煌的唐代壁画中看到的女子装扮，显然是契丹人按照自己心中美女的形象打扮了贵妃。就连这幅壁画的画面颜色也和晚唐的淡雅风格十分不符合，非常的旖旎、华丽、鲜艳。之所以能判断出画中女子的身份，是因为图中的鹦鹉。

为什么这么说？这就是典故的力量。没错，契丹人在这里用典了。

壁画里的杨贵妃，一身休闲的衣服，露出红色抹胸，看起来悠闲惬意，让观者有一种十分放松的感觉。贵妃的桌上站着一只白色鹦鹉，贵妃低头侧目，正在教鹦鹉念《心经》。这个故事来自9世纪中叶的文人郑处诲的笔记文学《明皇杂录》。

根据《明皇杂录》中的记载，在开元年间，唐玄宗得到来自岭南的贡品，一只通体雪白的鹦鹉。唐玄宗和杨贵妃都对这只鹦鹉喜爱有加，给它起名为"雪衣女"也有说叫"雪衣娘"。这只鹦鹉不是凡鸟，它不仅能像别的鹦鹉一样学舌，还能与人对话。有一天，这只鹦鹉飞到了杨贵妃的梳妆台上，张口说话了。

它对贵妃说："娘娘，我昨晚做了一个梦，梦见有一只老鹰把我抓住了。我估计自己命不久矣，娘娘能不能救我？"

贵妃吓了一跳，就把鹦鹉对她说的话讲给了玄宗听。皇上对杨贵妃说：你告诉雪衣娘，不要害怕。你教它念《心经》，念了经，恐惧自然能化解。后来贵妃教雪衣娘念经，雪衣娘学会以后，日日念经，再也不害怕灾难。

我们之前说了，这座辽代贵族墓主人还是个十四岁的少年。他的父母白发人送黑发人，一定非常悲痛。他们一定会想，我儿子临终前的恐惧消失了吗？他在另一个世界，没有我们陪伴，会害怕吗？所以这幅杨贵妃教鹦鹉读

《心经》的壁画,也一定带有父母对儿子的期许,期待他在另一个世界不要害怕,希望他的灵魂得到抚慰。

这就是这幅壁画的背景故事。

如果你往画的右上角看,这里还有一首诗。

雪衣丹嘴陇山禽,
每受宫闱指教深。
不向人前出凡语,
声声皆是念经音。

"雪衣丹嘴陇山禽"一句中的"陇山禽"指的就是鹦鹉。这是一种在唐诗中经常出现的西域灵鸟。李白、杜甫的诗句中都提到过。

契丹人会用唐朝的典故和人物为原型,画自己儿子墓室的壁画。既然并非宋代文化的影响,那么不难想象,辽人的这一文化传承直接来自大唐。其实我们在之前的文章里就谈到过这个问题。不光是宋,唐朝灭亡之后,各个少数民族建立过很多小王朝,他们并没有去标榜自己的原来的文化和身份认同,而是几乎都以唐代文化的正统继承人自居。

而契丹人也一样。统一契丹的大英雄耶律阿保机就标榜自己可以与汉人沟通。他的汉语说得非常好,据说还会认汉字和写汉字。要知道，在古代要掌握汉字，需要经过漫长的训练。大辽的皇帝们一直认为北宋根本不配继承大唐文化，并以大唐正统自诩。我们可以参考辽对燕云十六州的态度，在辽政权看来，自己拥有对燕云十六州的天然合法性。首先，辽要像大唐王朝一样，做地跨草原、中原的"天可汗"；第二，北宋凭什么统治燕云？这地方没有一天属于北宋政权，又何谈"收复"？石敬瑭根本就不是汉人，而是沙陀部落的突厥人，简单点说他是沙陀人。建立后晋之前，石敬瑭是后唐的重臣，而后唐就是沙陀人建立的啊！不只是后唐，五代的梁、唐、晋、汉、周，有三个都是沙陀人建立的。不要拿中原那一套来要求人家沙陀人，你中原人把伦理看得比天都大，做儿皇帝是奇耻大辱，那是你的习惯。人家在草原上认"义父""义子"再平常不过了。人家突厥人就喜欢管人叫爸爸，这不是什么大问题，也不会被人看不起。

石敬瑭受到后唐皇帝猜忌，起兵造反，需要援助，于是允诺将燕云十六州割让给大辽。

宋朝人觉得，燕云十六州的百姓肯定是被侵略者残害的，一定是心向天朝的。

范仲淹就说了，幽燕各州的人，沿袭汉人习俗，他们时刻思念回归中原王朝，世世代代，子孙都不忘记。

契丹人建立的辽朝，跟唐、宋、元、明、清一样是一个朝代，跟匈奴、突厥这些纯游牧民族不一样。

燕云十六州让北宋的敌人辽，变成了一个农牧复合型国家。不要总说宋朝军事实力弱，总拿它和汉唐相比。打开历史图册，汉唐时候的匈奴、突厥版图都很大。但是那个时候哪里有版图的概念？虽然有所谓的大头领，大单于，但匈奴、突厥本质上来说只是松散的部族联盟。

汉唐可以对他们进行分化、瓦解，拉一派，打一派，以一个王朝级别的国家对抗松散的游牧部族联盟。

但是宋的敌人大辽，可不容小觑。

有了燕云十六州这个稳定的半农耕文化区，辽也成为和宋朝一样的王朝级别的政权，而且动员能力，治理能力，文化向心力均很强。

契丹人一直认为自己得到了唐文化的真传，认为宋根本不是文化正统。从时间上算一下，辽的这种"大唐真正继承人"的想法也合理。想想宋建立的时候，唐朝已经灭亡 50 多年了。而契丹人与大唐是有血缘关系的，大唐皇族的血液也流淌在大辽帝王们的身上（起码他们自己这么认为）。在《辽史》中，我们可以看到大唐与大辽的联姻关系。唐朝皇帝曾把自己的公主嫁给契丹人，使契丹民族靠近了唐朝宫廷。数百年后的清朝皇族也是在娶了科尔沁部黄金家族的女子之后，才获得了草原的统治合法性。在游牧民族中，这种因为婚姻而获得的权力、身份是十分顺理成章的。

唐朝灭亡后，契丹人建立了大辽，他们心中肯定觉得自己是承前启后，继承了大唐的真命天子。

我们可以大胆地想象，在这位早夭的契丹少年的墓葬中发现杨贵妃题材壁画，除了我们先前提到的美好愿景，有没有一种可能，也许他生前就过着唐人一样的生活？这件作品说明大辽王朝，可以成为存续百年以上的王朝绝非巧合，很重要的原因就是辽在立国之前就已经积极地学习了唐朝的生活、文化、制度和气质。

同时，让贵妃戴上契丹头饰，也展现了契丹并不是完全照搬、完全汉化，而是在唐文化之中积极加入了自己的草原元素。

贵妃教鹦鹉的《心经》是不是用契丹文写的，我们看不太清楚。但是契丹人很注重自己的文字，辽太祖创立了契丹大字，同时按照回鹘文创立了契丹小字。契丹人对自身习俗的坚持还体现在他们对女性的态度上。契丹人对女性的态度要比中原人要开明得多。北宋有那么多垂帘听政的太后，很大程度上就是受到了同时期大辽在政治、军事、文化等领域都涌现出众多杰出的贵族女性的影响。

在今天的欧洲语言里，还有很多对中国的称呼就直接来自契丹的发音，比如英语中的"Cathay"，俄语中的"Kitay"。

　　大辽，跟大唐、大宋一样，都是我们的祖先。作为一个自豪的中国人，我们要继承的优秀文化和品质其实很多，这也许就是我们阅读历史的重要收获之一吧。

19

南宋：福建刻本《晦庵先生文集》

公元 1234 年，草原上发生了一件大事，蒙古灭掉了大金。

这件事的直接后果是，南宋急了！南宋着急，倒不是对自己的未来感到担忧，而是因为蒙古做了一件让南宋十分尴尬的事。大金朝原本是这件事的遮羞布，却被一把扯掉了。

1233 年，契丹人耶律楚材建议蒙古黄金家族称自己的帝国为儒教国家。这就有点儿触及南宋的底线了。以前，中原王朝和北方草原民族有的只是刀兵之争，这下还要争论"谁是中国"的问题。偏安一隅尚可"精神胜利"，这是要让南宋连做阿 Q 的机会都没有！蒙古人在北京重修了孔庙，就是要在文化上跟南宋争夺政权的合法性。这是还未杀人就要诛心啊！

这时，南宋朝廷不得不祭出自己一直不想用的撒手锏：理学。

说起南宋的理学宗师，一定绕不开朱熹。今天我们还能读到他的《晦庵先生文集》，要仰赖宋代出版业的伟大进步。现存最早的福建书院刻本馆藏于台北故宫博物院。

说到书院，理学能有这样力挽狂澜的地位，跟书院的发展和书院里越来越多的印刷书籍有着很深的关系。

理学也叫"程朱理学"，是儒学的一个主要流派。我们先回看一下历史。儒家学说的发展大体经历了三个阶段。第一个阶段是儒学的诞生阶段，春秋战国时期。这个时候的代表人物当然是孔子、孟子还有荀子。可以说，此时的儒家已发展出自己的底层逻辑、底层价值，比如有了"仁""义"等概念。到了汉朝，儒学进入第二个阶段，代表人物是董仲舒，这也是儒家第一次走上庙堂。为了这一次"飞升"，儒家也付出了一些代价，比如向君主专制妥协，还引入了阴阳家、道家的一些主张。这个风气一直持续到唐朝，我们可以将它笼统地称为"汉唐儒学"。然后就是我们提到的以程、朱等思想家为代表的第三个阶段。这个阶段一直持续到明、清。

最新的这次儒学改革提出了一个大胆的口号："弟子

不必不如师，师不必贤于弟子。"这不是韩愈的《师说》吗？没错，在唐末，儒学的僵化与陈旧已经让有识之士们无法忍受。这里补充一个知识，在宋代以前，中国知识分子都是在哪里学习儒学？从自己的爸爸或者师父那里学习。注意，这里说的不是"老师"而是"师父"，是有传承、分门派的那种。儿子能反对父亲吗？不能。如果反对了就是不孝。徒弟敢质疑师父吗？不敢。质疑了就是背叛师门。这样的结果自然是一代不如一代。

韩愈看到了这个问题，发出了呼吁，但是当时就是这样的风气，谁也没办法。

到了宋朝，这个问题迎来了转机。

首先，更多的读书人冒出来了。为什么？因为书便宜了。虽然唐代就有了雕版印刷术，但是一门技术的实用化、商业化是需要过程的。宋代的出版技术大大优于唐朝，只要去看看博物馆里的宋版书，你就明白它们为何在今天的艺术品交易市场广受欢迎。不仅仅是因为稀有，更是因为它的艺术性。文字的艺术在宋版书上体现得淋漓尽致。

书多了，还要有讲书的人，于是就有了书院。南宋的书院里有很多名儒大家，只要肯花钱，就能和这些先生学习。在江西庐山五老峰下的白鹿洞书院，你就能听到朱熹讲学。

没钱也没关系，你还可以去庙里看书。没错，那个时候寺院不只有佛经，还有儒家经典。据说写出"先天下之忧而忧，后天下之乐而乐"的范仲淹就有在寺庙里学习的经历。

这样人人可读书，处处有书读的氛围，自然能打破汉唐儒家的僵化状态。儒学的活力回来了，不一定要抱着之前的老传统，开放搞活、博采众长才是正途。宋代的知识分子不但可以绕过汉唐，回归孔孟正途，还可以吸收佛道，纳为己用。其实自南北朝至唐朝，佛教以其宏大的世界观和完整的理论架构，在中国大放异彩。更可怕的是，由于之前儒家思想家们自己不争气，故步自封，佛教已经抢走了很多"聪明的大脑"。

据说，北宋年间有这么一次让儒家学者汗颜的对话：

王安石问一个叫张文定的人："在过去这几百年，是不是没人能超越孔子和孟子呀？"

张文定说："怎么没有，我看现在就有很多高僧，见识都远超孔子啊。"

当然，这段对话不一定真实发生过，但是记录或编造这段对话的人是想告诉当时的人们，如果一个思想流派已经无法让高级人才的大脑去思考，那么它必然会衰落。儒家要赶紧改革，否则聪明人都要去佛家那头了。

已经被人家超过了，就要虚心学习。宋代儒学家们开始吸收佛教精华。比如朱熹，他一面攻击佛教不是中原正宗，一面背地里"狂看佛经"。觉得有用的东西就要"借鉴""融梗"。朱熹解释理学思想最核心的概念"天理"时，他告诉大家，自己找到了万物至理，即世间万事万物不是"各自为政"的。天地间有一个理，而这个理又能在万事万物中得到体现，每个事物都存在一个理。所以我们研究天地万物，就是为了通过它们认识到"天理"，这就"理一分殊"。是不是有点难理解？

朱熹也感觉到了，于是他一着急，打了一个非常有名的比方："天上只有一轮月亮对不对？可是地上的河流有千万条。河水的水质不一样，倒映出的月亮也有千万个样子。可是大家要知道，这些月亮的倒影都来自同一个月亮。"

哎！朱老夫子，您虽然没有"注明出处"，但是我们后人看得清楚，这其实是典型的佛教典故，月映万川。这种学习是伟大的，它让一直停留在人伦关系、君臣礼仪的儒家完成了理论的升华，这也是朱熹这一代南宋知识分子的伟大贡献。

找回了自信的儒家知识分子，一开始并没有急于得到朝廷的认可。这跟北宋末期日益丧失底线的新旧党争有关。

新一代的知识分子们把关注点放在了基层。如果理论化是理学对儒学发展作出的第一大贡献，那么世俗化就是理学对南宋社会乃至中国之后一千多年历史的最深刻影响。理学家们提倡当时的老百姓们祭祀自己的高祖。这样做有什么意义呢？在之前的儒家礼仪中，老百姓只能祭拜自己的祖父，不配拥有祭祀更古老祖先的权利（这是士族阶层的特权）。我相信很多读者朋友都见过那种很大的宗族祠堂，这些祠堂就是来自理学的打破陈规。天子有庙，百姓就要有祠。祭祀的规模大了，家族成员之间的关系就近了。因为越往上追溯，你的家族成员越多。对古代社会的基层管理来说，此举有着十分积极的作用。家族越大，流民就越少，社会的稳定性就越强。你看，谁说儒学无用？稳定社会，不一定要靠什么变法革新，回归到儒家最基本的亲亲之爱，多祭拜个"爷爷"，不都解决了？

说到这里，不知道你有没想过，理学这样搞，皇帝会怎么想？感谢他们？并不是。南宋宁宗皇帝时，理学家们遭到了强力的打压。

为什么会这样？

让我们回到理学的宗族扩大政策上。靠宗族祠堂治理社会的思想可不是纸上谈兵，它是得到了实践的。在福建，朱熹发动地方的大祠堂，组织当地百姓，参与社会治理。因为都来自一个地方，甚至还有亲缘关系，所以不论是集资赈灾啊、春耕借贷啊，宗族长老们把一切打理得井井有条。这是走起了群众路线呀！

这样一来，来自皇帝的自上而下的管理没了用武之地，显得十分多余。师从钱穆先生，享誉世界的华裔历史学家余英时先生在他的《朱熹的历史世界》中道破天机：照朱熹他们这样搞下去，经济、金融、水利、教育、人才选拔等完全可以靠地方自治，进而影响整个官僚系统。皇帝？呵呵，早晚变成一个吉祥物被供奉起来。

这是中央政府决不能容忍的。其实理学当时还不叫这个名字，而是叫"道学"。他们自认为自己拥有"宇宙大道"，对朝政多有抨击。靠着这种敢于直谏的精神，他们在文人之中声望日隆。公元 1195 年，朝廷规定天下想参加科举考试的人必须交一个"投名状"上来，先写一份保证书，证明自己和朱熹那帮人的学说毫无关系。但是朝廷越是禁止，朱熹的名声就越大，理学在民间的声望也越大，甚至成为真正的儒家正统。和儒家上一次获得正统地位的原因不一样，董仲舒的位置多半是汉武帝给的，而这一次可谓是"江湖倒逼庙堂"。

南宋末年，朝廷不得不把理学奉为正统，列入科举和官方教学中。朱熹的书也一度从禁书变成了"高考必读教辅书"。

和理学的发展史一样，南宋的特点就是庙堂政治少有作为，但来自民间的影响极大。印刷、出版、医学、药学、烹饪技术、造船法、天文学、军事火药、建筑甚至是世俗的大众化的文化娱乐，这些来自社会而非朝廷的"中国风"深深影响着后世的中国老百姓，甚至成为整个东亚，包括日本、韩国、越南等国的精神气质。就像是这本宋版的福建刻本《晦庵先生文集》，它虽然不像金玉瓷器等皇家御用器皿那样珍贵，但是作为国宝级的文物，它却让我们看到了一个更加接地气的南宋。

20

金朝：铜坐龙

这是我在本书里第二次提到龙。这条龙来自白山黑水间的北方渔猎民族——女真。

这条龙是大金皇室的心爱之物，用作御车装饰。我们不难看出女真统治者对于"龙"这一形象的钟爱，并从中感受到中华文明的影响力和向心力。然而这条龙身上还有中华文化之外的元素。

首先，我们可以感受一下这条龙给人带来的整体感觉。它看起来十分高傲、霸气，这跟它的造型有关。这条龙长着一只人类的鼻子！鼻孔上翻，不可一世。龙嘴的造型也很有特色。这条龙的嘴并不像典籍里讲的，像鹰或者其他动物，而是呈现出一种很有造型感的三角形。如果你

铜坐龙

见过海东青，就不难理解这个造型的来源了。来自大森林里的女真猎手，将自己的老朋友海东青和中原的龙结合在一起。这条龙没有龙目圆睁，却不怒自威，而这种眯眼的造型多出现在神鸟凤凰中。

为什么会这样？我们可以参考一下这件文物的生产时

间和出土地点。是啊，彼时刚刚崛起的大金，根本不需要咋咋呼呼地向别人瞪眼。

"女真不满万，满万不可敌"，这赫赫威名让整个东亚世界都心生畏惧。

但是，这条龙却被"抛弃"了，一同被抛弃的还有一座城市和女真的"草原本位主义"思想。

在这里，我想要向你介绍中国历史上的第二号"炀帝"——海陵王完颜亮。

小时候读金庸武侠小说，我便对《射雕英雄传》记忆深刻，特别是完颜洪烈和杨康的一段对话：

"孩儿，柳永这一首《望海潮》词，跟咱们大金国却有一段因缘，你可知道吗？"

杨康道："孩儿不知，请爹爹说。"

……

只听完颜洪烈道："我大金正隆年间，我大金主上金主亮见到柳永这首词，对西湖风景欣然有慕，于是在派遣使者南下之时，同时派了一个著名画工，摹写一幅临安城的山水，并图画金主的状貌，策马立在临安城内的吴山之顶。金主在画上题诗道：'万里车书尽混同，江南岂有别疆封？提兵百万西湖上，立马吴山第一峰！'"

小说里写道，杨康深以为然，大呼："好豪壮的气概！"

但是我们的男一号郭靖就不同了，他"听得恼怒之极，只捏得手指格格直响"。

完颜亮确实是个"儒将"，文学功底十分了得，众多诗词流传至今。据历史记载，这位大金统治者十分推崇汉文化，尤其爱读汉家的经史子集。也许是受到了圣人们的感召，完颜亮爱民如子。据说，他坐在自己的马车里，看到路旁有百姓的牛车陷进泥坑里，二话不说便跳下车来帮百姓推车。他可以说是一位明君了吧？

但是他的历史评价极低，不但没有皇帝的庙号，还被叛将缢杀，以庶人之礼下葬。他的谥号为"炀"，被史官们描绘成弑父、荒淫、残暴的炀帝。

看到这里，你也许冒出了一连串问题：这是怎么回事？爱民如子和残暴不仁难道不是矛盾的？

要追其原因，我们还得往前倒一倒。

大金朝发迹于金太祖完颜阿骨打。那时的女真部落十分落后，金太祖和他媳妇儿还睡土炕呢。宋朝使者去见太祖，太祖说："您别见笑，我们就这样。哈哈。"

早期的女真贵族不存在什么上下关系，更谈不上中央财权，大家就是把钱凑了凑就起兵了。既然钱是大家凑的，那就得事先说好，这些钱是用来打仗的，谁也不能往自己家拿，否则大家就一起揍他。

哈哈，是不是太随意了？这哪里是什么国家契约呀？其实，英国 13 世纪的《大宪章》跟这个逻辑差不多：我们都是出了钱的，那就要有话语权。贵族和王权相互制衡，所谓的王也就是个大贵族而已。

有趣的是，还真有人"犯规"了，把"国库"里的东西往自己家拿。这个人还是太祖爷的弟弟！这该如何是好？真要打他？

于是，历史上的"名场面"出现了。女真贵族们真的把已经登基的金太宗从龙椅上给揪下来，打了一顿屁股。

金太宗怎么会犯这样的错误？因为他膨胀了！

金太宗叫完颜吴乞买，是完颜阿骨打的弟弟。严格意义上说，他才是金的"开国皇帝"，是他彻底灭掉了大辽和北宋。

所以太宗觉得，我跟我哥哥应该不一样了，我可不是"山贼草寇的大哥"，应该有中原皇帝那样的权威。皇帝总不会挨打吧？结果没想到，他既被打了屁股，也被打了脸。

自此，大金的皇帝们知道了：光我觉得自己是皇帝还不够，还要把这种观念植入到国人心里。而这种"国民教育"在历史上也不是第一次，它还有一个名字，那就是"汉化"。

海陵王完颜亮就是把"汉化"列为国策的人。

如果你熟读中国历史，就会发现少数民族政权汉化的举措是有既定套路的。

　　首先就是迁都。完颜亮把首都从今天的黑龙江一带迁到了北京。迁都有两个好处：第一，远离顽固贵族的大本营，为制定新制度减少阻力；第二，方便南征。要想让大家崇拜我，拿我当皇帝，就靠实力和功绩说话。完颜亮还有一个心结，就是要通过南征向世人证明，自己才是最适合继承王位的人。

　　要建立功勋就要集权，要集权自然要压制贵族。完颜亮做得很绝。迁都北京后，为了抹掉前人留下的痕迹，他甚至下令毁掉旧都城。这可比北魏孝文帝还过分啊！当然，他这样做可能还有一个原因，他当初弑君而篡位称帝，或许也因此心虚。

　　看到这里，你也许能懂完颜亮声名狼藉的原因，他这是既得罪既得利益者，又得罪旧贵族，名声怎么可能好得了？

　　完颜亮虽心怀壮志，但大军没走多远就遭到了政变，被人拉下马来。

　　后继者金世宗虽恢复了旧都的建制，但是金朝政治重心的南迁是不可逆转。后世的金朝皇帝们依然大力推崇汉学，身体力行。海陵王虽死，但他的遗志被贯彻了下来。

　　渔猎民族女真族建立的大金朝和游牧民族契丹族建立的大辽朝有一处十分不同的统治逻辑，那就是大辽无论怎样学习汉人，却始终保持草原根基。套用西方欧洲国家的概念，大辽是一个"二元帝国"。但是大金慢慢地变成了标榜中原中心的王朝。后来，大金可能真是忘本了，居然修建起了长城。设想一下，假如草原民族的统治者们有个超越时空的聊天群，金会不会被踢出群呢？你一个草原王朝，修哪门子长城？金朝皇帝们一个个把自己打扮成了中原帝王，坚决杜绝早期的皇帝们被贵族拽下龙椅的事情。一开始被拽下来还能爬回去，可要随着王朝的成长，权力的膨胀，这种事要是再来第二次，那遭殃的可不只是屁股和脸面了。

据《金史·舆服志》载，金世宗完颜雍时期，把本朝以前所用皇帝乘坐的马车"找轼上坐龙改为凤"。这件在金人旧地出土的铜龙尊，只可能出现在大金早期统治者的华丽车辇上。也许，海陵王完颜亮的马车上就有一只这样的铜坐龙，在东北大地的风中呜呜作响，叹息着后世子孙忘记"根本"之后的命运。

你放弃了草原的身份，导致草原的权力和意识形态出现真空，那这风云的土地，自然会有苍狼之子傲然崛起。

21

元朝：渎山大玉海

　　元朝是中国历史上首次由少数民族建立的大一统王朝。成吉思汗统一蒙古各部后，定国号为"大蒙古国"。忽必烈赢得汗位后改国号为"大元"，即我们所说的元朝，其疆域包括蒙古高原和现今中国大部分地区，今天的新疆、西藏、云南，东北广大地区，台湾及南海诸岛，都在元朝的统治范围内。元朝藩属国在名义上臣服元廷，但实际上相对独立，其疆域包括现在的很多国家，如俄罗斯、伊朗、伊拉克、阿富汗、朝鲜等。西方学者多将元朝及其藩属国统称为"蒙古帝国"，我们这里探讨的主要是元朝。元朝的历史毫无疑问是中国历史的一部分，蒙古族是中华民族的重要组成部分。

　　很多人对元朝存在一些误会。比如，一说起元朝就会想到"残暴""战争""屠杀"等字眼。就连俄罗斯人都有"鞑靼人桎梏"的说法，还有人说他们俄罗斯人之所以没能融入欧洲文明，全是蒙古人害的，是蒙古人残暴落后的统治拖了俄罗斯的后腿。

　　但事实果真如此？我们不妨从元朝开国皇帝元世祖忽必烈的身上去寻找答案。

　　这是一只酒杯，世界上最大的酒杯。它高70厘米，左右宽超过1.8米，膛身55厘米，重约3500公斤。没错，这就是忽必烈大汗的酒杯。它有一个很霸气的名字——渎山大玉海。这只超大号的酒杯上刻着汹涌的海浪和各种活灵活现的海兽：有海龙、海马，海鹿、海猪、海犀，等等。从这些雕刻上不难看出，元代玉器受当时汉代文人画作的影响很大，同时不失多民族文化融合的时代风貌。据说，这只全世界最大的"玉瓮"可"贮酒三千石"。

　　我们可以想象，或许是为了向世人展示新帝国的新气象，元世祖忽必烈召集了元大都的能工巧匠，命他们用河南南阳的独山玉打造能够容纳世间所有佳酿的酒杯。终于，在至元二年（公元1265年）这只酒杯完工了，被安置于元大都太液中的琼华岛广寒殿。

　　酒是草原汉子的最爱，玉石代表着中原文人的品格。每当游客们看到这只大酒杯时，不但可以体会到元代精湛

渎山大玉海

收藏于北京北海公园玉瓮亭 图片由刘昭远提供 拍摄于 2021 年

的玉石雕刻技术，也能最直观地感受到忽必烈大汗海纳百川，包容万家的气度。也许这种包容与豪迈才是元朝更真实的样子。

不论是中国还是外国，很多农耕民族对游牧民族都抱有偏见。我们只有放下固执和傲慢，才能离真相更近一些。说出来你可能不信，元朝的政治环境在大多数时候不但宽松，而且包容。元世祖忽必烈很有可能是历史上第一个"全球化体系"的缔造者。

　　忽必烈之所以能成为元朝的开国皇帝，现在看来其实
有很多运气和巧合。公元 1259 年，蒙古大汗蒙哥对南宋
发起了一场声势浩大的战争。本来做元世祖的人应该是忽
必烈的哥哥，蒙哥。但也许是老天要给忽必烈机会，蒙哥
在率军攻打四川钓鱼城的时候突然死亡，死因不详。有人
说是传染病，也有人说是阴谋毒杀。

　　我们虽然不能说是巧合塑造了历史，但蒙哥的暴毙确
实让一切发生了改变。蒙古帝国各个方向的扩张都必须先
暂停。一场蒙古帝国大汗的争夺战就在托雷的儿子们中间
展开了。

　　老六旭烈兀远在西亚，无论如何也赶不回来。老七阿
里不哥在北方镇守哈拉和林，是汗位最有力的争夺者。况
且蒙古一直就有幼子继位的传统，这叫"幼子守灶"。他
们的父亲托雷就是成吉思汗的幼子。身为老四忽必烈想要
夺权，难度很大。

　　然而忽必烈不是没有机会。第一，这时的忽必烈身在
中原，正组织攻打南宋最坚固的防线，襄阳。他和蒙哥大
汗都在攻宋，所以消息还算灵通。蒙哥的死讯一传来，忽
必烈就第一时间从前线返回北方。

　　第二，跟反对汉化的阿里不哥不同，忽必烈很早就把
自己执政的基础扩大到了汉地。忽必烈在治理漠南时就建
立了自己的幕僚团队——金莲川幕府。金莲川，这个位于

张家口以北的城市，是忽必烈选择的大本营。这里既可以连接草原蒙古贵族，更方便拉拢在河北、山东的汉族军阀。忽必烈还广纳各族人才，不但有汉人、蒙古人，还有女真人、西夏人、藏族人、中亚人，色目人。我在上中学的时候一直以为色目人是"眼睛有颜色的人"。这是典型的望文生义，色目其实是"各色名目"之意，指种类繁多。这个词出自《唐律疏议》。总而言之，忽必烈唯才是举。

从 1260 年 4 月忽必烈在开平城自行宣布继位，到 1264 年阿里不哥投降，忽必烈的"国际路线"打败了阿里不哥的"蒙古传统路线"。忽必烈打破了蒙古"幼子守灶"的老传统，必定要书写新的历史篇章。

明朝人修的《元史》称忽必烈"以夏变夷，立经陈纪，所以为一代之制者"。明朝人把忽必烈看作汉文化的继承者，有人说这是站在汉人的角度上自我抬高。可我更愿意将其理解成一种褒扬和赞美。元朝不但是一个兼具草原和中原传统的二元制帝国，更是一个依托蒙古帝国，从地中海到太平洋的世界体系王朝。

自从成吉思汗开始，蒙古有过数次西征。大家还记得那个远在西亚的六弟旭烈兀吗？他就是蒙哥活着的时候被派去西征的。这次西征让蒙古帝国占领了今天的伊朗、伊拉克、叙利亚等地，根据计划，旭烈兀本来还准备进攻埃及。整个欧亚大陆几乎都要被同一个贵族集团控制了。这对商人来说简直是天大的好事。这不就是统一市场的前提么？商贸交流的阻碍全部消除了。

不但有老传统，还有新机遇。蒙哥汗暴毙引发的大汗之争带来了一系列连锁反应。原来的各个汗国团结一致的局面没有了，可这也意味着蒙古的扩张势头不得不就此打住，自成吉思汗以来的举国扩张的传统模式走到了尽头。这未尝不是一件好事啊！这也就逼着忽必烈不得不作出战略转型。要让大帝国存续，维持自己的大汗权威，通过号召大家一起打仗，已经是不可能了。打破蒙古传统的忽必烈已没有了那样的号召力。但是元世祖很聪明，他不再诉诸武力，转而选择了贸易。这是一种利用商路和人的享受欲望将帝国重新整合起来的方式。

对于那些不太听话的兄弟汗国，忽必烈不再诉诸武力，而是以白银、奢侈品替代刀剑。这可不仅仅是一种简单的赎买。这些蒙古贵族拿到白银后，穆斯林商人就会上门，帮助他们把钱变成资本并投入到贸易中。跟谁贸易？元朝，因为这里有当时全世界最好的商品：茶叶、丝绸和美丽的元青花。这样一来，蒙古的各个汗国对元朝的经济依赖越来越强。军事征服的蒙古变成了一个贸易帝国。军事从显性的扩张变成了隐性的力量后盾。草原的安全保证，加上中原的经济力量，再配合以穆斯林发达的商业网络渠道，一个由元朝主导的超大规模的蒙古帝国把草原、中原、海洋、雪域、高原连接起来。这也许是世界历史上最早的"世界体系"。

有了这样的宏大格局，忽必烈在元朝内部进行了大刀阔斧的改革。由国家投资的基础设施纷纷上马，财政结构也发生了变化。有了这样的商业网络，就要把商业税比例提高。同时，农业税就可以不那么较真儿了。元朝的农业税很低，实现了农民自古以来对圣主贤君的梦想：轻徭薄赋。一个王朝如果不以农业税为主要的国家财政收入，那也就不必维持庞大的官僚体系。所以元朝虽然尚武，但是少有战争，重视商业、兼收并蓄成了元代的朝代特征。

开放自由的大元，吸引着全世界的寻梦人，包括马可·波罗。在这里，我们有必要讨论一个问题，马可·波罗到底有没有来过中国？这是一个站队问题，我站在南开大学的杨志玖先生这一队。17岁的马可·波罗跟随自己的父亲和叔叔来到了中国，后来在返回途中，于波斯狱中留下了《马可·波罗游记》。关于这问题的争论，我不做大面积展开，就简单说两句吧。首先，马可·波罗来过中国这件事被质疑，主要责任在于马可·波罗自己。他太爱吹牛了！又是吹自己受到忽必烈的赏识，又是吹嘘自己与父亲献炮攻下襄阳城，还吹自己做大官，护送公主远嫁，等等。

但是这里有个逻辑问题。小明去了动物园，回来后跟没有去过的小朋友吹牛说自己看到了 100 只老虎，1000 只狮子，10000 只大熊猫，我们能用戳穿小明吹牛的办法，来证明他没去过动物园吗？在那个信息极不通畅的年代，牛皮被戳穿的概率不大，所以无论他怎么吹牛，我都能理解。

还有就是一些"沉默中的争论"了。英国汉学家吴芳思（Frances Wood）有一本影响力很大的书《马可·波罗到过中国吗？》。在这本书里，吴芳思较系统地论证了马可·波罗为何没有来过中国。书中没有过多地纠结马可·波罗吹牛的毛病，而是列举了一系列问题。比如马可·波罗为什么不会中文？游记里的很多地名都是用波斯文纪录的，那他这些年是怎样在中国生活的？还有，他为什么不提中国的小脚女性、筷子、长城、鸬鹚捕鱼？其实波斯语是中亚、西亚很多民族的通用语言，别说马可·波罗了，元朝的许多非汉族官员一辈子都不会说汉语，也不懂汉字，却依然能在元朝做官。至于马可·波罗记录了什么，没记录什么，这完全是他的自由。小明跟幼儿园的小伙伴们吹牛的时候，就是没有提到他去的动物园是全国唯一一家免费的动物园，这也很正常啊。听者和说者都不关心嘛！汉族女子的小脚也不是那么容易见到的，马可·波罗不会汉语，他在蒙古那几年兴许就是跟色目人在一起呢！

但是杨志玖先生找到了马可·波罗来过中国的铁证。

质疑容易，但是要论证一个上不了史书的小人物来过中国，可不是件简单的事。杨先生的研究很扎实，但是由于史料的专业性和逻辑链条较长，历史爱好者们一般不太愿意深入。

我尽力说得通俗一些。简单地说，杨先生在两万多卷，几亿字的明朝典籍《永乐大典》中找到了一封伊儿汗国使团差旅费补助的申请批复函。这个使团由三名来自伊儿汗国的使者组成，这封批复公文中有三位使者的名字、出使的路线、目的地。但是因为这只是批复补助的公文，所以没写这是一个什么样的使团。马可·波罗的游记中也出现了这个使团，而且与史料中记载的三位使者的名字一模一样。这个使团也是马可·波罗自称忽必烈派他做护花使者，护送阔阔真公主远嫁伊儿汗国的使团。如此看来，马可·波罗吹牛的成分有点大。公主远嫁，这在元朝根本不是什么大事，而且也没有人派马可·波罗出使，他就是跟着人家回家而已。但是即便马可·波罗在吹牛，能知道这件事，他必然到过中国。

伊儿汗国派出这个求亲使团的时候，大汗还是阿鲁浑。使团于 1286 年出发，回来的时候已经是 1293 年。这三位使者只有一人活了下来，他的名字叫"火者"，就是清朝时大小"和卓"那个词的音译。俄罗斯的历史记录中还把这个人的名字记错了，以为火者是一个官职。我们是看到了马可·波罗的游记，才知道领回元朝公主的人叫作"火者"。

如果没有马可·波罗的记述，我们就无法知道《永乐大典》中三人使团就是外国典籍中的"火者使团"，甚至都不知道伊儿汗国为何要不远万里来元朝求娶公主，更不知道费了那么大劲迎回的公主却遭到冷遇。

马可·波罗告诉我们，阿鲁浑汗将先王阿巴哈的爱妃卜鲁罕收为皇后。卜鲁罕皇后深得阿鲁浑的宠爱，两代大汗给了这位伯岳吾氏的皇后留下了丰厚的财产。卜鲁罕留下遗言，要把她的财富，也就是宫帐留给本族的女子。当时，伊儿汗国已经没有伯岳吾氏的女子，所以就有了三人使团前往元朝求亲的故事。忽必烈从伯岳吾家族找到了一位名为"阔阔真"的女子，让使团带走。这位女子其实并未获得公主的封号，这件事在元朝也算不上什么大事。使团走得不顺，最后不得已选择海路，7年后才返回。然而这时，伊儿汗国已经发生了翻天覆地的变化。

阿鲁浑实在等不到公主，于是在使团走后4年娶了一个同样名为"卜鲁汗"的女子继承宫帐，还把自己的继承人合赞交给她收养。阿鲁浑死后，他的异母弟弟乞合都强娶了嫂嫂，霸占了宫帐。就在这个时候，真正的宫帐继承人阔阔真来了，你说大汗尴尬不尴尬？他只能让阿鲁浑的

儿子合赞娶了阔阔真。宫帐是不可能还给你了，这件事谁
也不许再提。看到这里，你也许不难理解史书的记载为何
如此潦草。

《马可·波罗游记》中还有一些精确且独特的记录，
比如波斯文献中绝不会出现的北海白塔、元大都各机构的
位置，甚至忽必烈的农历生日。马可·波罗的游记中还有
一段与波斯史料立场完全相反的记录。比如忽必烈曾重用
的一位名叫"阿合马"的色目商人。波斯世界对此人充满
了同情和赞美，但马可·波罗却将他描述成一个贪得无厌
的奸商，说他利用忽必烈的信任，卖官鬻爵、霸占民女。
这样的评价是汉地中原才有的，绝不可能是马可·波罗在
波斯听来的。

蒙古出现这些小人物写的历史，是偶然也是必然。自
由、宽松的政策让马可·波罗们有机会看到中国，并留下
自己的叙述。他们的文字，让我们这些看惯了官方正史的
中国人眼前一亮，在细节中体会"蒙古软实力"。

我相信，一定还会有人质疑马可·波罗来中国的真实
性，毕竟质疑比求证容易得多。也许马可·波罗根本没
见过忽必烈，或者他只是远远地看到过，但是这位"新世
界的王"让这个威尼斯人心生向往。马可·波罗归国的路
上，忽必烈已经去世，可马可·波罗依然会写大汗如今多

少岁。他甚至不知道自己搞错了大汗的年纪。马可·波罗使用的伊斯兰历法和中国的历法存在复杂的换算体系。我想，来过大元的马可·波罗们，在他们的精神世界里，想必都敬仰着这位大元皇帝吧。

22

明朝：明代贵妇镶宝石金链香盒

　　奢侈品是干什么用的？生物学家会告诉你，奢侈品的存在是为了满足人类炫耀的本能。可以这么说，没有人不爱炫耀。

　　人类直立行走之后，就能把上身躯干露在外面，向敌人炫耀肌肉，把对方吓退。可以说，我们的老祖宗用"炫耀"这一超低成本的手段避免真实搏斗，最终生存下来。

　　不仅如此，奢侈品还是人们通向平等的工具，尤其是财富类的奢侈品。一个人若是向你炫耀财富类的奢侈品，那就说明你们是同一个阶层的，是平等的。真正富足的人，不会向你炫耀财富，而是会用精神上的奢侈品，比如诗歌、文学、审美、信仰把人和人区分开。

梅妙灯墓镶宝石金链香盒
南京市博物总馆馆藏　图片由读图时代／视觉中国提供

当然，当财富发展到一定程度的时候，人们就会在自己身上增加精神属性，让自己的炫耀显得不那么明显。

明朝就是一个低调炫富的时代。

这是一件来自明代贵妇人墓葬的出土文物。说实话，它长得很像我妻子的包，但它实际上是一个香盒。这个香盒体积不大，边长只有 8.5 厘米，厚度仅有 1.7 厘米。这样一款手掌大小的香盒多半只是装饰品，和古人的荷包差不多。黄金香盒的盖面上是佛教传统符号，莲花和如意云纹，盒子上镶嵌着红宝石、蓝宝石和绿松石。细节决定一切，盒底四角都有如意云纹，中间还刻有"福"字和梵文六字箴言。墓葬中的黄金饰物还有很多，有镶宝石火焰纹金顶簪、镶宝石金挑心、镶宝石云形金掩鬓、镶宝石金镯、镶绿松石耳坠，等等。这是什么样的家庭呀？这些首饰的女主人叫梅妙灯，是云南沐王府黔国公家的媳妇，是一位诰命夫人。明朝有很多藩王，他们无缘政治，只能通过炫耀财富来填补内心的空虚。这位梅夫人生前不是正室，只是因为儿子袭爵才"母以子贵"。黔国公与先前的两位夫人合葬，梅氏下葬的时候墓中已没有地方。但是小公爷在他父亲去世时才出生不久，是生母将他抚养成人。这位沐小公爷只能在紧挨老国公的墓旁另开墓穴。他不允许母亲受委屈，既然不能合葬，就要以另一种方式彰显生母的名分和地位。于是就有了这些金光闪闪的随葬品。

在明代，随着时间的推移，炫富的门槛变得越来越低。人们逐渐打破了儒家传统的社会秩序和等级观念，文化随之改变。明代后期，只要有钱，甭管什么出身，即便是一个寻常的商人之妇也可以穿金戴银。奢侈品成了当时的"潮牌"。

明初其实提倡节俭而且等级森严。明朝的开国皇帝朱元璋从一个靠行乞为生的贫民一跃成为皇帝。成为皇帝后，他做的第一件事是什么？必然是稳定秩序、恢复生产。赤贫农民出身的朱元璋的"理想国"就是"鸡犬相闻，至老死不相往来"的乡村社会。

通过里甲制度，朱元璋把老百姓像庄稼一样固定在土地上。十户为一甲，一百一十户为一里。人口和田地所属关系一并入册，然后以此为依据征收赋税、摊派徭役。这样，皇帝把百姓牢牢地攥在了自己手里。

朱元璋以为这样就能让大明王朝千秋万代地延续下去。然而建立在里甲制度上的税收和徭役制度刚开始还能维持，到了明朝中期，随着皇家开支增大，皇帝突然发现钱不够用了。

为什么会不够用呢？因为按照明代祖制，无论皇帝有几个儿子，除了太子当皇上外，其余的儿子都要受封亲王。亲王们也是三妻四妾，生一堆儿子，这些儿子除了继位的世子，其他儿子也有王封，被尊为郡王。王爷们没机会参与政治，唯一的工作就是娶老婆生孩子。徐光启曾经推算过皇家人口的增长率。到了明万历年间，明朝皇室成员的数量就已经达到了 70 万到 100 万人。这还不算我们刚刚提到的云南沐王府这样的世袭贵族。一个黔国公妾室都有如此财力，更何况皇亲国戚，王子、公主、驸马、王妃们？

这些特权阶层一不缴税，二不履行公共义务，却占用了巨大的社会财富。随随便便一个王府就有万顷良田。比如万历朝有个福王，一次就受封 2 万顷，得河南、山东、湖北三个省给他凑。如此庞大的花销，哪怕全国百姓都当流民也供养不起啊！

大明朝怎么就如此豪横？增加税收？不可能，就算收得上税也没钱运输。

大约在明朝中期，一种贵金属大量涌入中国，那就是白银。明政府开始了中国历史上的首次尝试，改成直接征收银子。

那么多银子是哪里来的？南美和日本。

明朝中期，欧洲人开启了大航海时代。嘉靖年间，西班牙人在玻利维亚一带，日本在其本土西南部发现规模巨大的银矿。你们有钱，我们有货，一拍即合。美洲和日本的白银就这样源源不断地流入中国。明朝中后期，中国的商品为大明王朝带来了超过 1 万吨的白银。

怪不得背着巨大财政负担的明朝，皇帝还那么奢侈。明朝皇帝们很会享受生活，成化皇帝的御膳房有 7000 多人，少的时候也不少于 4000 人。万历皇帝光是花在吃饭上的钱，一年就要 30 万两白银。要知道大明朝抗击后金的军队军饷也不过 500 多万两啊。

大量涌入的白银让大明统治者们生出一种白银取之不尽的错觉。不过这确实也刺激了大明的商品经济。很多商人就是在这个时期完成了阶级跃升的。

比如我们这里要谈到的人物，《金瓶梅》里的西门庆。这虽然是一个小说人物，却反映了明代典型的商人形象。西门庆以孟玉楼和李瓶儿带来的钱财做本钱，积极入市，主动投资，一步步经营他的商业王国：运输业、金融业、医药业、纺织品，其至做起了食盐专卖生意。《水浒传》里的西门庆是个大反派，可是《金瓶梅》中的西门庆却让人恨不起来。他待自己的伙计很好，是个好老板，逢年过节会发年终奖，出差也有补助；他还经常组织"团建"，跟高管和员工们联络感情，并且会主动买单。这样的叙述是符合历史事实的。明朝中后期，雇佣关系兴盛。明末有人描述江南农村的变化时说，百年前的雇工"戴星出入，俗柔顺而主令尊"，如今"骄惰成风，非酒食不能劝""夏必加下点心，冬必与早粥"。之所以出现这样的变化，是因为市镇经济和手工业迅速发展，人才市场也跟着变得火爆。

明朝时期什么最贵？人才！

《金瓶梅》中还有一个值得特别注意的地方，西门大官人也有不光彩的一面，那就是官商勾结。

小说借用宋朝历史讽刺当朝。西门庆为了攀上东京蔡太师，送出天价的生日礼物，得到清河县副提刑的官职。在明朝历史中，这样的行为不需要遮遮掩掩。这叫"捐纳"，明英宗时候就有了。花钱就可以做官。为什么一定要做官？做了官，赚钱的门路自然就多了。在明朝，商人子弟是可以参加科举的。明代后期出生在商贾之家的官员越来越多，比如东林党人首领顾宪成就是商人之子。经商有钱，还能当官，种地自然不再是老百姓的唯一选择。明隆庆年间，何良俊编撰的《四友斋丛说》记载："昔日逐末之人尚少，今去农而改业为工商者，三倍于前矣。昔日原无游手之人，今去农而游手趁食者，又十之二三矣。"这里的"游手趁食者"指的就是从事工商业的人。甚至有很多书香门第都走上了经商致富的道路。

士农工商的四民秩序不再森严，金钱成了标识地位的工具，攀比、炫富之风日益盛行。明代中后期，富起来的商人们为了让自己不再像一个暴发户，纷纷进军原先属于贵族阶层的奢侈品领域。通过车子、房子、票子，商人们把自己的财富转化成社会地位。明代的豪车就是软轿。软轿曾是特权阶层的标志，普通人没有乘轿资格。但是到了明中期，只要你雇得起人，想要几个人抬轿都可以。穿绫罗绸缎、住深宅大院，这些特权都给金钱让了位。这让曾经的士大夫们感到压力。财富买得到的奢侈品，他们买不起，于是他们开始"发明"自己的奢侈品，比如字画古董。但是没有金钱渗透不到的地方，慢慢地，古董字画也有了专门的市场。

商人们购买字画，把"奢俭之争"巧妙地变成"雅俗之别"，以"高雅"为借口实践他们的拜金主义，开启奢侈的生活。

但是梦总有醒的时候，大量进口白银带来的繁荣是脆弱的，奢侈品救不了大明王朝。明朝末年，南美的银山也快挖完了，西班牙开始限制拉丁美洲殖民地的白银流入亚洲。再加上17世纪前期欧洲的三十年战争，欧洲各国都需要大量军费，流往中国的南美白银大量减少。

17世纪，日本的仗倒是打完了。关原合战后，德川家的江户幕府大局已定，战国时代结束，日本统一。从1633年2月到1639年7月，江户幕府连续五次颁布"锁国令"，日本的白银供给也消失了。

被白银掩盖的问题一下子暴露了，大明王朝的统治者们仿佛在一黑屋子里横冲直撞，找不到出路。他们也许不知道，自己已在不知不觉中卷入了全球化的浪潮。当然，就算他们把之前的历史典籍统统搬出来，也不可能找到解决这些问题的办法。白银大量流入，自然会出现通货膨胀，比如松江地区的米价上涨了2倍有余。白银越来越多，物价自然水涨船高。但是在这种物价飞涨的情况下，白银流入锐减。大家挣不到那么多银子，物价涨了，生活成本提高，资金链却断了，这是多么可怕的事情啊！

大明王朝的统治者们只能眼睁睁看着人民跑去起义军那边。大明的国运就像是搭上了踩着油门冲下坡的汽车，崇祯再想恢复节俭之风也来不及了。

　　不论你去往国内哪一座博物馆，都能看见不少来自明朝的文物，而且不乏精致、华丽的生活用品。这是一个世俗化程度很高的时代，也是一个精神被物质冲击得很厉害的时代。通过这些文物，你可能会看到宫廷秘案，朝堂党争的朝代兴衰。

23

清朝：寿山石雕螭"为君难"印

"为君难"雕螭长方石印由寿山石雕刻而成，印文呈椭圆形，镌阳文"为君难"汉文篆字，双螭纽。这方印的拥有者是大清定都北京后的第三位皇帝，爱新觉罗·胤禛，也就是雍正皇帝。

公元1723年正月，登基不久的雍正皇帝手书"为君难"匾字一张，道出了他的心声，也是他的行动信条。

20世纪80年代出生的我，少年时曾赶上过一部轰动一时的电视剧，根据二月河长篇小说《雍正皇帝》改编的《雍正王朝》。这部剧在中央一套播出时曾创下央视的收视纪录，最高收视率16.7%，它甚至影响了中国老百姓对雍正的认识。当然了，电视剧毕竟是艺术作品，不能被当作历史，但是它足以让当时还是一个中学生的我对雍正皇帝充满好奇。那时的网络还不发达，我跑遍了我所在城市几乎所有书店，寻找雍正的身影。参加工作后，每当我碰到"雍正"，都觉得倍感亲切，像是遇到了儿时的朋友。

刨除1840年后的中国近代史，我们可以把雍正皇帝当成打开清朝历史密室的关键性人物。不仅仅因为他把大清从战争逻辑拉到治国逻辑，还因为他短暂的执政经历也是整个大清历史的缩影。从雍正这句"为君难"上，我们能看到一个重要的体会：理解致同情。

雍正皇帝如今的确很有"热度"，但是在20世纪80年代之前，他其实是历史研究领域的"小透明"。很多人只把雍正看成是康熙、乾隆两位皇帝的过渡者。直到1985年，国内首部关于雍正皇帝的评传出版了。冯尔康先生的《雍正传》首次向世人展现出一位敢于振数百年颓风，革旧除弊的帝王形象。当时的中国正处在改革开放的大浪潮中，"反思与改革"成为时代主题，雍正改革者的形象让当时的国人把情感倾注到这位皇帝身上。但是激情退去之后，我们还需要正视一个历史问题，那就是雍正时专制日胜，可以说他为专制社会续了命。从某种意义上说，他让中国社会进步的步伐大大放缓了。清朝末年的乱局，甚至早在乾隆朝就显露出的大清败象，在雍正朝已经埋下了伏笔。

寿山石雕螭"为君难"印

北京故宫博物院馆藏　图片由核桃蛋 Kingky 提供　拍摄于 2019 年

"为君难"，首先是"难为君"。

雍正皇帝也许遭遇了中国历史上最难的一场夺嫡竞争。康熙皇帝在位多年，子嗣繁盛，有能力、有想法、有机会的皇子至少有九位。

有人拥有老皇帝的宠爱，比如二阿哥胤礽；有人有权臣撑腰，比如皇长子；有人获得群臣拥戴，比如老八胤禩。还有人手握重兵，战功赫赫，比如老十四。雍正最初并不出挑，但是康熙朝的"超长待机"让一切发生有了转折。

首先，皇权的排他性让太子如坐针毡。其实康熙皇帝的在位时间要是短一些，太子是完全可以顺利上位的。即便曾被废掉，出于对太子的疼爱以及多年的帝王教育，老皇帝还是重新起用了他。

但是有一个问题是无法避免的：太子长大以后，必然需要一定的权力。这是中国皇帝集权政治下的一种防御动作。皇权虽然无法正面挑战，但是权力就像鸦片，一定有大臣想通过帮助其他皇子争夺太子位实现权力上升。这些大臣中不乏对皇帝不满的政治势力。

简单地说，假如每一朝都由太子继位，新皇帝的权力来自老皇帝，皇权合法性天然正当，那臣子就只能好好辅佐新皇。皇权将会成为时间的朋友，越来越集中。

但是建国不久的大清有很多旧贵族势力，还有一些不想让皇权独大的汉族官员。他们之中不乏想要通过扶持皇子上位实现阶级跃升的人。一旦成功，这些人就成了新皇帝的"合伙人"，他们对皇权的影响将继续下去。在龙椅的诱惑下，很多没当上太子的皇子，会跟这些"暗势力"合作，甚至做权力的交易。

太子和其他皇子的夺嫡之争，从某种意义上讲就是争夺国家最高权力代理人的战争。

所以康熙二十七年，老皇帝曾经为了太子打击过太子的对手皇长子和他背后的明珠一派。

为了对抗威胁，太子要主动防御，结党不可避免。这可就危险了。这会触犯和自己一个阵营的老皇帝。在君主专制之下，太子结党，就等于要从康熙手里分权。父子之间出现裂痕，互相怀疑，最终窭除了威胁自己权力的人。

加强皇权是历史留给康熙皇帝的任务，也是大清几代先君的意志，这一点必须贯彻。

大清的创立者努尔哈赤祖孙三代受明朝官职，对于明朝的君主专制并不陌生，可以说没什么好感。在政治理念方面，女真部落的传统是集体领导制，这也给后来的几代君主出了一个大难题。

皇太极虽然已经称帝王尊号，但是不论在私下还是正式场合，他都得跟自己的三个哥哥平起平坐。很多王室宗亲、八旗贵胄，脑子里还没有皇权独尊的意识。皇太极把六部置于八旗贝勒之上，只能算是初步引进了汉人的政治制度。因为那时候还是打天下的时候，不能把事情做绝，还得依靠这些王公贵族们打仗。他们的老祖先金人就是吃了过度汉化的亏，所以皇太极也愿意放任满族的亲王、贝勒。

顺治帝时，满族人已入主北京城，开始限制这些旧贵族。顺治皇帝是帝王之术的大玩家，他让满汉大臣相互制约，为绝对皇权做铺垫。亲政后的顺治先让济尔哈朗、苏克萨哈、索尼等秘密上疏议政，剥夺了多尔衮的尊号及其家人的爵位，最重要的是把多尔衮控制的上三旗直接纳入了皇家的管理之下。与此同时，皇帝起用陈名夏、陈之遴、洪承畴等大量有南方背景、东林党背景的明代遗留汉族士大夫。

加强皇权不仅仅是让满汉权力制衡，更重要的是杀人诛心。1652 年，顺治颁令禁止民间党社。从此，大臣们不能像明朝官员那样通过"党社"区分自己的政治观点，只能互称同窗、同年、同学。一句话，你们不要有什么政治理想，政治理想是皇帝的专利。顺治的儿子康熙更是把帝王之术玩到了极致，江南出巡、政治密探、南书房议政，集权逐渐走向顶峰。所以康熙爷是不允许任何人打断这个进程的。然而康熙朝战争也不少，还是要顾及一些现实问题的。那时候，草原原始民主制度的尾巴还没被完全割掉。比如在确定继承人这件事上，还是摆脱不了满人主张。大汗不能擅自指定继承人，要由实力强大的族长推选。所以康熙不得不让百官推荐新太子的人选。这要放在宋朝、明朝，大臣们应该是不敢置喙的。

胤禛为何能获得康熙青睐，最终继承大统？一个很重要原因就是，康熙觉得能让自己继续加强皇权的人应该是一个没有什么党羽，和百官们保持距离的坚固可托的人。雍正很好地扮演了这个"孤家寡人"的角色。要说雍正没有党羽有些过分，但是他讲究严刑峻法，人缘是真不好。

雍正朝有个名臣叫年羹尧，托自己妹妹的福，此人在影视圈很火。但是如果你细细分析雍正登基前年羹尧和他的关系，就能看出雍正当时的人缘是多么糟糕。

1709 年，还是四阿哥的雍正侧封亲王，年羹尧的人事关系就在这个时候被划进雍亲王府。说起来，年羹尧也算是雍正的幕僚，但是由于胤禛当时声望太低，年羹尧也没怎么把这位主子放在眼里。

年羹尧可谓是少年得志，他 21 岁就进入翰林院，24 岁官阶从七品，算是副处级，28 岁，官阶从四品，30 岁就成了正三品的巡抚，这就差不多正部级了。不到 40 岁，他便升任四川总督，成为独当一面的封疆大吏。如此平步青云，是雍正安排的？并非如此。首先，康熙赏识。四川总督之位就是年羹尧向康熙直接申请的。其次，老丈人有声望。年羹尧的结发妻子出自康熙朝权倾一时的明珠家。这样前程似锦的臣子，没必要参与夺嫡，反倒是皇子们拉拢的对象。

年羹尧对雍正不咸不淡，却跟其他皇子密切往来，三阿哥胤祉、八阿哥胤禩、九阿哥胤禟、十四阿哥胤禵，尤其跟十四阿哥的关系最近。

雍正后来直接给年羹尧写信，指责他太不把君臣大义当回事。

雍正历数了年羹尧多年来的罪状，我们不难看出一个不被外界看好的皇子到底受了多少气。比如年羹尧在他们阿哥们跟前从不自称"奴才"，雍正的母亲过生日既不送礼也不来贺寿。为了控制这个目中无人的幕僚，雍正要求年羹尧把他的子侄全部派回京城，实际上就是要人质。这是生生逼着年羹尧上自己的船啊！即使他们后来合力出演君臣一心的戏码，想必也解不开当年的心结吧。

雍亲王胤禛的政务才能和他那股不怕得罪人的心态，让他在康熙皇帝心中的分量越来越重。康熙朝的最后几年里，重大的祭祀活动都是由胤禛代替皇帝参加的。所以与其把雍正的继承想象成阴谋诡计，不如说这是康熙皇帝成熟的政治考量。

为君难，最难还是难在为君之后。

刚才我们用了一个词，叫"帝王之术"，也叫"人君南面术"。可这无非是打一派拉一派，恩威并施的小伎俩，不是治国之道。什么是道？在政治学领域，我们姑且可以将其理解为制度。制度不依赖个人的智慧与心力，能够持续稳定地发挥作用。此前的大清皇帝使用了很多加强皇权的办法，雍正朝这些办法被升华为一种君主独裁制度。

首先就是秘密立储制度。不立太子，断绝那些想把持皇子，或者干涉皇位继承、威胁皇帝权威的人的机会。从雍正开始，确定继承人就是皇帝一个人的事情。秘密立储，大臣们没法给意见，也用不着听谁的意见。

同时，雍正帝还开始杀鸡儆猴，告诉那些满洲贵族，你们要是不听话，不论地位多尊贵，都要受到制裁。雍正四年，依然不放弃权力争夺，想要制衡皇权的八皇子胤禩被削去宗籍、贬为平民、遭到圈禁。雍正打击的不是八皇子一个人，而是以他为首的，妄图依仗满洲旧制威胁集权的宗室亲贵集团。

雍正自登基起就开始筹划，把自己的亲信组成一个由他本人带领的"内廷代理人"班底。没几年，机会就来了。西北的准噶尔部落不服从朝廷，频频骚扰蒙古、西藏等地。雍正五年，新任可汗噶尔丹策零上台。这时，雍正帝知道自己掌权的机会来了。他当即提出"准噶尔威胁论"，整军备战，成立户部军需房，这也是后来大名鼎鼎的"军机处"的前身。虽然叫"户部军需房"，但它其实是内廷机构，不属于户部管辖。

户部最高长官是户部尚书，但是雍正帝一登基，就任命他最信任的十三弟允祥为"管理部务大臣"，比两个尚书的职位都高。后来，他又命军需房的内廷大臣张廷玉"仍管户部尚书事"，也比尚书高。

允祥、张廷玉以及两位尚书，到底谁说了算？允祥、

张廷玉在内廷管钱、花钱，两个尚书在外廷，变成了办事
人员。这样一来，雍正帝就通过自己的内廷心腹，牢牢掌
握着帝国财政。

雍正还打算进一步扩大内廷的职权范围，把原本属于
吏部的官员任免之权也收进来。

雍正七年，雍正再次对准噶尔用兵，并下令继续扩大
军需房的职能，使其不只管钱，还能决定战事本身。军需
大臣变成了军机大臣。

整理了中枢大臣们，雍正还不忘加强对后备官员队伍
的控制。雍正年间有一桩大案，主角一方是直隶总督李
绂，一方是雍正的宠臣田文镜。不管一开始是为了什么，
在雍正皇帝眼里，这又是一次机会。皇帝需要打击文人科
甲朋党的势力，从此朝廷内再难形成有规模的文官力量，
不能用圣人之道、儒家传统提倡的舆论去对抗皇权了。皇
帝的盟友绝不是中间阶层，而是底层民众。雍正要求全国
的举人、贡生也要服徭役。文人阶层在雍正朝是"输掉了
面子，也输掉了里子"，彻底地斯文扫地，可想而知，掌
握话语权的他们不会让雍正的后世评价太好。

中央解决了，地方也跑不了。雍正帝把康熙时就有的
秘折制度扩大，地方的小官也可以直接上折子，臣子们之
间可以告密。官员天天生活在恐惧中，不知道哪天谁就向
皇帝告密，所以更不敢对皇帝有所隐瞒，告密都怕落在别

人后面，背上包庇之嫌。

收了地方的权，还要收地方的钱。

雍正帝在地方上推行耗羡归公政策。"火耗"指的是碎银子融化再铸成银锭时的损耗，所以征税官们对向老百姓多收一部分银子，把损耗补出来。但其实这就是贪污的借口，因为加征的比例全凭各地官员自己定。这种事情朝廷不是不知道，只是没人管。中央与地方之间心照不宣，倒霉的就是老百姓。而雍正就是要把这件事挑明了。火耗，可以有，但是要公开用来奖励廉政的官员，绝不能用来搞贪污。虽然没有把火耗去掉，但是公开就比暗箱操作要强，所以和康熙时期相比，老百姓的负担确实降低了。

还剩下最后一拨人，官僚体制外的富人，地主。这些人不在你的官僚体系内，因此皇权很难用制度来限制他们。但是雍正帝没有放弃，推行了摊丁入亩政策。这是一个影响很大的国策，之前按人头纳税，就算你没房没地也要交税。摊丁入亩，就是取消人头税，田地成为收税的标准，这样贫民的税务压力就转嫁到了田宅丰盈的大户身上。

这一系列制度使得雍正朝的国库存银比康熙朝有了大幅度的增加，后来乾隆在位时的"大手大脚"也有了经济基础。

但是大家也看出来了，雍正几乎是得罪了所有手下。独裁统治离不开官僚阶层，你不让官僚阶层拥有特权，攫取私利，那就得全靠自己。

　　就拿之前说的密折制度来说。当时能递密折的官员有一千多人，密折嘛，那就要皇帝亲启，亲自回复啊。每天几十封密折，批复少则几十个字，多则上千字。于是我们就看到了清朝历史上一个近乎自虐的皇帝，工作到夜里12点，早晨4点左右就起床，批折子批到没时间吃饭。就像是在和官员系统赌气一般，皇帝自己把地方官的活儿都干了。这样的统治看上去是制定了一堆制度，但是说到底还是人治。是人治就不稳定，一旦雍正皇帝去世，谁能保证新皇帝可以如此勤政？

　　雍正去世后，乾隆完全无法接受父亲的生活方式。这也是历史上大多数皇帝的心态，做皇帝可以勤政，但也要享受嘛！朝廷放松了对官员们的打压，做出了妥协，被压制多年的腐败迅速反弹。

　　官员们腐败，买单的还是百姓，可是涉及皇权独裁的部分比如秘密建储、军机处等措施，乾隆一个也不会放过。

　　独裁的皇帝率领着贪污腐败却极力表现忠臣的官员们"敲剥天下之骨髓"，榨取百姓利益。雍正朝结束后，如果用一个人的生命做比喻的话那就是：时间已经停止了，剩下的就是慢慢变老而已。